이 책을 마음의 정성을 담아

.... 에게

드립니다.

년   월   일

기독학생의 학습 성공 비결

신앙이 좋으면 공부도 잘한다

안수화 지음

「기독학생의 학습 성공 비결」
신앙이 좋으면 공부도 잘한다

개정판 1쇄 2006. 2. 15   개정판 4쇄 2008. 3. 10

저　자 · 안수화 / 펴낸이 · 윤희구
펴낸곳 · 도서출판 예루살렘
주소 · 서울 강남구 논현동 107-38 남광빌딩
등록 · 제16-75호(1980.5.24)
전화 · (02) 545-0040 / 팩스 (02) 545-8493
이메일 · jerubook@naver.com

ISBN 89-7210-433-7 03230   값 5,500원
* 잘못된 책은 교환해 드립니다.

사랑하는 이들에게

행복은 성적순이 아니지만

몇 해 전 가정의 달에 즈음하여 교회학교 학생들을 상대로 설문조사를 실시한 일이 있었습니다. 그 때 교회학교 학생들이 가장 관심을 갖는 것이 무엇인지 질문하였더니, 첫째가 공부를 잘하는 것이었고, 둘째가 좋은 친구를 사귀고 싶다는 것이었습니다.

반면 가장 싫어하는 것이 무엇이냐고 물어보았더니, 부모님의 공부하라는 잔소리가 가장 괴롭다고 하였습니다.

간단한 위 설문조사에서 공부를 잘하고는 싶지만 공부하라는 중압감에 시달리고 있는 우리의 현실이 적나라하게 드러나는 것 같습니다. 자녀들의 공부에 우리만큼 열성인 나라가 과연 몇 나라가 되는지 모르겠습니다. 한 해 10조 원을 넘는 천문학적인 돈이 사교육 비용으로 소비된다고 합니다. 자녀 과외비 마련을 위하여 아버지는 직장에서 퇴근하고 와서는 부업을 하고,

어머니는 파출부도 마다하지 않는다고 합니다.

중학교 1학년 도덕 교과서 첫과목에는 된사람, 난사람, 든사람에 대한 소개가 나옵니다. 선생님은 처음 진학한 학생들에게 된사람이 되어야 한다고 가르칩니다. 그러나 학교에서 된사람으로 교육시키기 위하여 학생수련회나 문화축제, 세미나 등 좋은 프로그램을 계획하면 오히려 부모님들의 항의가 빗발친다고 합니다. 다른 학교에서는 야간 자율학습까지 시켜가며 공부를 시키는데 어째서 쓸데없는 일에 시간과 경비를 허비하느냐며 교장선생님 전화통에 불이 난다는 이야기도 흔히 듣는 이야기 중의 하나입니다.

그러면 우리의 교회는 어떠한가요.

교회는 도덕적인 수준의 된사람으로 교육시키는 차원을 넘어 하나님의 자녀로서 하나님과 사람 앞에 부끄럼 없이 바로 선 사람으로 성장해 나가도록 합니다. 그래서 학생들에게 성경 말씀과 기도를 통하여 예수님을 만나도록 가르칩니다. 따라서 그들이 예수님을 만나고 예수님을 영접하고 예수님과 동행함으로써 예수님의 성품을 닮아가도록 하는 데에 교회교육의 목표가 있다고 할 것입니다.

그러나 현재 교회 교육의 솔직한 현실은 사뭇 비관적이라 아니 할 수 없습니다. 중간고사나 기말고사를 앞둔 때에는 주일

예배에서 평소보다 훨씬 더 많은 빈자리를 보게 됩니다.

장로님도 집사님도 자녀들이 주일 아침에 학원 보충수업이 있어 학원에 가겠다고 하면 말로는 먼저 교회에 나가 예배드리라고 합니다. 그러나 자녀가 예배하지 않고 학원에 가도 애써 모른 체 합니다.

고 3이 되어서 매주일 봉사하던 성가대를 1년만 쉬겠다고 하면 잘 생각하였다고 하면서 내버려 둡니다. 오히려 고 3이 되었는데 무슨 성가대 봉사냐고 하며 적극 만류하는 부모도 있습니다.

그런데 나에게는 한 가지 큰 의문이 있었습니다. 공부는 잘 하라고 늘 하면서도 학교 선생님도, 교회 선생님도, 부모님도 그 어느 누구도 왜 공부를 잘해야 하는지, 또 어떻게 해야 공부를 잘할 수 있는지에 대해서는 가르쳐 주지 않으면서 무조건 공부 잘하라고만 한다는 것입니다.

공부를 잘 해야 좋은 대학에 입학하고 좋은 직장에 취직하여 행복한 삶을 살 수 있는 것은 아닙니다. "행복은 성적순이 아니잖아요."라는 말이 유행했었듯이 공부를 잘해야 행복이 보장되는 것은 결코 아닙니다.

그보다는 청소년 시절 열심히 공부해야 하는 이유는, 실력을 쌓아 미래를 준비하는 데 있습니다. 중요한 것은 실력이지 성적이 아닙니다. 그러나 실력이 늘면 성적은 자연히 오릅니다.

나는 하나님의 은혜로 가장 어려운 시험이라는 사법시험 공부를 시작한 지 1년 반 만에 합격한 후, 위의 두 가지 물음 즉 왜 열심히 공부해야 하며, 또 어떻게 공부를 잘할 수 있는 지에 대하여 몇몇 교회에서 간증을 하면서 이 글을 쓰게 되었습니다.

바라기는 이 글을 읽는 독자들이 왜 열심히 공부해야 하며, 하나님의 나에 대한 계획과 소망은 무엇인지 발견하기를 바랍니다. 학습 성공의 비결을 다만 한 가지라도 깨닫기를 바랍니다.

끝으로 하나님께서 주신 지혜를 소멸하지 않고 적극적으로 전할 수 있도록 기회도 주시고 기도해 주신 유경동 목사님을 비롯하여 여러 교회에서 간증할 수 있도록 허락해 주신 모든 목사님들에게 감사드립니다.

이러한 책을 저술한다는 것이 부끄럽기도 하고 두렵기도 하여 여러 해 동안 망설여왔었습니다. 기도로 계속 후원해 준 사랑하는 아내 김혜경 집사, 기쁜 소식을 전해주는 가브리엘 천사처럼 찾아 오셔서 부족한 글을 가지고도 이렇게 멋진 책으로 만들어주신 출판사 여러분에게 감사드립니다.

그리고 많은 청소년 가운데서도 저의 사랑하는 자녀 지현이와 성철이에게 이 책을 제일 먼저 선물합니다.

글쓴이

목차

신앙이 좋으면 공부도 잘한다

1부 지혜를 구하라

1. 신앙이 먼저냐, 공부가 먼저냐? / 12
2. 학습 과정을 분석해 보자 / 15
3. 지혜를 구하라 / 21

2부 공부하는 지혜를 깨닫기까지

1. 갈 바를 알지 못하고 나갔으니 / 26
2. 하나님 먼저 / 43

3부 기독학생의 학습 성공 비결

1. 대학이라는 우상을 마음속에서 제하여 버리라 / 66
2. 주일을 꼭 성수하라 / 75
3. 하루의 일과를 주님과 만나는 것으로 시작하라 / 80
4. 자신에게 가장 잘 어울리는 학습 계획을 세우고 이를 탄력적으로 실천하라 / 93
5. 책상 앞에 10시간 앉아 있는 것보다 1시간이라도 집중해서 공부하는 것이 낫다 / 100
6. 지식을 체계화하라 / 112
7. 완전한 지식이 될 때까지 반복해서 학습하라 / 121
8. 학교생활에 최우선을 두라 / 130
9. 건강에 만전을 기하라 / 140
10. 끝까지 최선을 다하고 하나님의 도움을 기대하라 / 146

1부 지혜를 구하라

most people buy a lot of gifts just before christmas. but some people think we buy too

세 부등식 $y \leq x-2$, $2y \geq x+1$, $y \leq 2x+8$을 모두 만족하는 실수 x, y에 대하여 x^2+y^2의 최대값을 M, 최소값을 m이라 할 때 $M-m$의 값을 구하시오.

1. 신앙이 먼저냐, 공부가 먼저냐?

신앙이 먼저

자녀가 중·고등학교에 진학하면 특히 신앙을 가진 부모들은 심각한 딜레마에 빠집니다. "신앙이 먼저냐, 공부가 먼저냐?"

이러한 고민은 비단 부모들에게뿐 아니라 교회 교육을 담당하고 있는 교역자나 교사들에게도 똑같은 중압감으로 다가옵니다.

그러나 이 땅의 부모나 교회 교육을 책임지고 있는 사람들 중 과연 몇 명이나 학생들을 향하여 "신앙이 먼저"라고 단호하게 가르치고 있을지 의심스러운 형편이 우리의 솔직한 현실이 아닌가 합니다.

더구나 우리가 처해 있는 현실은 우리로 하여금 이 문제를 모른 척 피해 버리거나, 적당히 타협하며 넘어가게 하고 있습니다.

신앙 생활을 열심히 하던 학생부 임원들이 좋은 대학에 합격하지 못하고 실패하면 "공부는 자기가 열심히 해야지, 신앙 생활을 열심히 한다고 해서 하나님께서 거저 대학에 합격시켜 주시는 것은 아니다."라고 떠들어 댑니다.

과연 신앙과 공부는 양립할 수 없는 것일까요?

신앙을 가로 축으로, 공부를 세로 축으로 하여 우리의 기독학생들을 네 부류로 분류해 보았습니다.

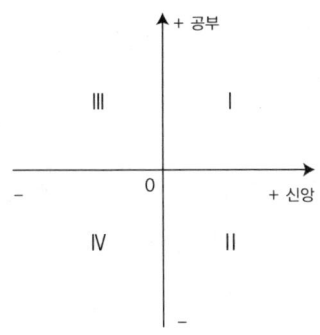

Ⅰ 그룹은 신앙도 좋으면서, 공부도 잘하는 학생들입니다.

Ⅱ 그룹은 신앙이 좋기는 하지만, 공부는 못하는 학생들입니다.

Ⅲ 그룹은 신앙은 없으나, 공부는 잘하는 학생들입니다.

Ⅳ 그룹은 신앙도 없고, 공부도 잘 못하는 학생들입니다.

여러분은 우리의 자녀들이 어떠하기를 원하십니까? 두 말 할 것도 없이, 신앙도 좋으면서 공부도 잘하여 Ⅰ그룹에 속하기를 원할 것입니다. 그런데 II 그룹과 III 그룹 중에서는 어느 쪽에 우선을 두겠습니까?

　나는 당연히 나의 아이들이 신앙도 좋고 공부도 잘하기를 원하지만, 둘 다 잘할 수 없다면, 공부는 잘하지만 신앙은 없는 III 그룹보다는, 공부는 잘 못하더라도 신앙이 좋은 II 그룹의 사람으로 성장하기를 원합니다.

　하나님께서는 공부는 좀 못하더라도 신앙이 있는 사람을 들어 쓰시지, 공부를 잘해도 신앙이 없는 사람은 들어 쓰시지 않을 것이 명백하기 때문입니다.

　신앙도 없으면서 공부도 못하는 IV 그룹에 속한 학생의 경우, III 그룹으로 단숨에 올라가기는 어렵지만, II 그룹으로 올라서기는 쉽습니다. 또 II 그룹에서 I 그룹으로 넘어가는 것도 그리 어려운 일이 아닙니다. 하나님께서 지혜를 주시기만 하면 I 그룹에 속하는 것은 당연한 일입니다.

　교회는 이제 단호하게 기독학생들을 향하여 선포해야 합니다. 학생에게 공부가 매우 중요한 것이기는 하지만, '신앙' 보다 우선할 수는 없다고.

2. 학습 과정을 분석해 보자

흥미로운 학습 실험

어떤 고등학교의 수학 선생님이 새 학기에 들어 한 달 동안 열심히 수업을 하고 난 후, 불시에 모의고사를 실시하였습니다. 결과는 어떻게 나왔을까요?

어떤 학생은 단 한 문제도 답을 맞추지 못하였습니다. 바로 0점이었지요. 총 10문제 중 한 문제, 두 문제를 맞춘 학생도 여럿 나왔습니다. 대부분의 학생들은 40점에서 50점 정도였습니다.

그리고 어떤 학생은 놀랍게도 80점을 받아, 선생님으로 하여금 가르치는 보람을 느끼게 해 주었습니다. 선생님은 반 평균이 잘해야 40점 내지 50점일 것이고, 80점 이상 되는 학생은 거의 없을 것이라고 예상하였으니까요.

그런데 믿을 수 없는 일이 일어났습니다. 신입생으로서 문제를 모두 풀 수는 없다고 생각한 선생님의 예상을 뛰어 넘어,

100점을 받은 학생이 있었기 때문입니다. 같은 시간, 같은 장소에서 같은 선생님께 똑같은 가르침을 받았는데, 왜 이러한 결과가 나왔을까요?

그것은 가르침을 받은 학생들의 개인적인 이해 능력, 학습 능력, 응용 능력에 차이가 있기 때문입니다.

0점을 받은 학생은, 선생님이 한 달 동안 애써 가르쳐 준 내용을 전혀 이해조차 못하였을 것입니다. 그 중에는 선생님이 필요 없는 것을 가르친다고 불평하며, 전혀 공부하지 않은 학생도 있었을 것입니다.

40~50점을 받은 대부분의 학생들은 선생님이 가르쳐 준 내용을 어느 정도 이해하기는 하였지만, 완전하지는 못하였습니다. 또한 그 지식을 제대로 정리하고 암기하지 않았기 때문에, 평범한 결과를 낳았습니다.

80점을 받은 학생은, 선생님이 가르쳐 준 내용을 충분히 이해하였고 정리하였지만, 응용능력이 조금 부족하였다고 할 수 있습니다. 어쩌면 그 학생은 평소 예습 복습을 성실히 하던 학생이었는지 모르겠습니다.

100점을 받은 학생은, 선생님이 가르쳐 준 내용을 완전한 자기 지식으로 섭취하는 정도에 그치지 않고, 배우지 않은 부분까지도 응용하여 이해함으로써, 완전한 수준에 이르렀다고 할 수 있습니다. 그 학생은 어떤 사람이었을까요? 천재였을까요?

아무리 지능지수(IQ)가 높아도 노력이 없다면, 위와 같은 수준에 도달하지 못합니다. 또 아무리 노력해도 지혜가 부족하면, 공부를 잘 할 수 없습니다.

학습과정분석

먼저 무조건 공부만 해야 한다고 할 것이 아니라, 공부하는 과정을 곰곰이 생각해 보도록 합시다.

우리가 학교에서 공부를 하는 목적은, 우선 새로운 지식을 습득하는 것입니다. 그러면 지식은 왜 필요한가요? 그것은 지식을 통하여 세상을 사는 지혜를 터득하고, 인간다운 인간이 되어 살아가기 위한 것입니다.

성경 말씀을 배우는 이유도 마찬가지입니다. 믿음은 말씀을 들음에서 나고(롬 10:17), 사람이 떡으로만 사는 것이 아니라 하나님의 입에서 나오는 모든 말씀으로 살기 때문에(신 8:3), 성경 말씀을 열심히 배워야 합니다. 다시 말해, 말씀에 대한 지식의 풍성함이 세상을 이기는 지혜를 주기 때문입니다.

그런데 우리는 안타깝게도 학교 공부가 지식 습득 자체와 일류 대학 합격이라는 저차원의 목적에 국한되어 이루어지고 있는 것을 봅니다. 성경 공부가 지식 습득에만 머물러 있는 모습도 도처에서 발견합니다.

공부하는 지혜를 깨닫기 위해서는, 먼저 학습 과정을 잘 분석해야 합니다. 무조건적으로 공부하는 사람은 노력만 낭비하는 어리석은 사람입니다.

학습의 제1단계는 이해(理解)입니다.

이해는 사리를 분별하여 아는 것입니다. 어떠한 지식이라도 이해하지 못하면, 아무리 암기를 했다 하여도 의미 없는 주문을 외운 것같이 무의미합니다.

이해 능력은 사람마다 각각 다른데, 단시일 내에 인위적으로 그 능력을 높일 수 없습니다. 다만, 어려서부터 여러 종류의 책을 많이 읽는 것이 좋습니다.

학습의 제2단계는 정리(整理)입니다.

난잡하게 얽혀 있는 지식의 파편들을 체계적으로 바로잡아야 합니다. 정리되지 않은 지식은, 마치 쓰레기더미에서 진주를 찾으려는 것처럼, 헛된 고생만 하게 할 수 있습니다.

그런데 지식을 정리하는 데에 무엇보다도 필요한 것은 통찰력(洞察力)입니다. 즉, 모든 지식을 다 습득할 수는 없으므로,

더 중요한 것과 그렇지 않은 것을 분별하고 꿰뚫어 볼 수 있는 안목이 필요합니다.

그래서 공부를 잘하는 학생 즉, 학습 능력이 뛰어난 학생은 노트정리를 잘합니다. 노련한 선생님은 학생들의 노트를 한 번만 들추어 보아도, 그 학생이 어느 정도로 공부를 하는지 금방 알 수 있습니다.

학습의 제3단계는 암기(暗記)입니다.

이해되고 정리된 지식은 학생의 기억 속에 암기되어 남아 있다가, 필요한 때에 필요한 지식으로 재생되어야 합니다.

그러나 암기만큼 우리 학생들을 괴롭히는 것이 없습니다. 외우는 것을 무척 싫어합니다. 머리가 조금 좋다는 학생은 노력을 게을리하기가 쉽습니다. 그것은 결국 암기하는 노력을 기울이지 않는다는 데 문제가 있습니다.

암기는, 전쟁 준비를 위하여 전쟁 물자를 창고에 비축해 놓듯이, 지식의 창고에 지식을 차곡차곡 비축해 놓은 것과 같습니다. 결국 학습 능력의 차이라는 것은, 지식의 창고에 지식이 쌓여 있는 정도의 차이라고 할 수 있습니다.

암기 능력도 학생마다 큰 차이가 나는 것이 사실이지만, 요령을 터득하면 상당히 큰 효과를 볼 수 있습니다.

학습의 제4단계는 응용(應用)입니다.

암기된 지식은 그 자체로 활용되기도 하지만, 대부분의 경우는 다양한 지식이 서로 연결되어 새로운 지식을 낳습니다. 예상치 못한 문제에 직면하였을 때 자유자재로 활용되어야 참지식이라고 할 수 있습니다.

학습의 제5단계는 예상(豫想)입니다.

지식이 축적되고 충분히 응용되고 나면, 문제를 예상할 수 있는 능력이 생깁니다. 앨빈 토플러 같은 미래학자는 장차 사회에서 일어날 변화와 문제들을 정확히 예측하였던 것으로 유명합니다.

그는 점쟁이였을까요? 신의 계시를 받았을까요?

아닙니다. 그는 사회 전반에 걸친 심도 있는 지식과 탁월한 식견을 가지고 있었기에, 사회 변화를 미리 예측할 수 있었던 것입니다. 나의 경우도 그 어려운 사법시험을 치르면서, 시험 문제의 80% 이상 미리 예측하였던 경험이 있습니다.

다시 한 번 학습 과정을 요약합니다.

'이해-정리(통찰)-암기-응용-예상' 이라는 과정을 이해한 후에, 자신은 어느 부분에 취약한지를 분석해 봅시다. 그리하여 공부하는 방법을 깨닫는다면, 공부에서도 승리하는 사람이 될 것입니다.

3. 지혜를 구하라

학습생산성

경제학에 생산성이라는 개념이 있습니다. 산출량을 투입량으로 나누는 것입니다. 그래서 노동생산성 하면 제품의 산출량을 노동의 투입량으로 나눈 수치를 말하는데, 이처럼 학습생산성이라는 개념을 만들어 보면 어떨까요.

즉, 투입된 공부의 양에 대하여 시험에 의해 산출된 결과가 어떠한지를 수치를 나타내 볼 수 있다면, 공부를 잘한다는 말은 학습생산성이 높다는 것이라고 이야기할 수 있을 것입니다.

이를 공식화하면,

$$학습생산성 = \frac{공부의\ 산출량}{공부의\ 투입량}$$ 이라고 표시할 수 있습니다.

다시 말해 '공부의 산출량 = 학습생산성 × 공부의 투입량' 이

됩니다. 그러므로 공부의 산출량을 증대시키려면, 학습생산성을 높이든지 공부의 투입량을 늘리든지 해야 합니다.

그러나 공부의 투입량을 무한정 늘릴 수 없습니다. 하루는 24시간에 불과하니까요.

그렇다면 방법은 하나밖에 없습니다. 학습생산성을 높이는 일입니다. 다시 말해, 공부하는 방법을 깨닫는 것입니다.

많은 수험생과 학부모들이 오해하고 있는 것 중의 하나는, 무조건 공부의 투입량만 늘리면 시험을 잘 볼 것이라고 기대하는 것입니다. 그래서 우리의 부모님들은 눈만 뜨면 자녀들에게 "공부해라" "공부해라" 합니다.

그러나 우리 자녀들이 가장 싫어하는 말이 공부하라는 말인 것을 알고 있다면, 다음과 같이 말하는 것이 차라리 나을 것입니다.

"너무 무리해서 공부하지 말고, 쉬면서 천천히 하거라."

"공부가 인생의 전부는 아니란다. 기본적으로 꼭 필요한 것일 뿐이지."

공부의 투입량이 그리 많지 않아도 학습자가 학습 내용을 잘 이해하고, 나름대로 통찰력 있게 분석해 정리한 후, 중요 내용을 잘 암기하고, 응용하는 능력을 계발하게 된다면, 이는 바로 공부하는 지혜를 터득한 것입니다.

그런데 성경은 우리에게 여호와를 경외하는 것이 지혜의 근본이라고 가르쳐 주고 있습니다(잠 1:7).

정말 하나님을 잘 믿으면 공부까지 저절로 잘할 수 있을까요? 나는 분명코 그렇다고 대답하겠습니다.

그것은 첫째, 하나님의 말씀은 일점일획도 오류가 없이 모두 진실이라고 믿기 때문입니다.

둘째, 나 자신이 바로 그 어려운 사법시험을 1년 반 동안 준비하면서, 하나님께서 직접 살아 역사하심을 체험하였기 때문입니다.

성경은 다시 우리에게 권면하고 있습니다.

"너희 중에 누구든지 지혜가 부족하거든 모든 사람에게 후히 주시고 꾸짖지 아니하시는 하나님께 구하라. 그리하면 주시리라."(약 1:5).

지혜의 근본이신 하나님께 모든 지혜를 간구하십시오.

아무리 노력하고 공부를 해도 성적이 오르지 않아 고민하는 사람은, 공부하는 방법을 잘 모르고 무조건 공부하는 사람입니다.

즉, 지혜가 부족한 것입니다.

다시 한 번 권면합니다. 지혜의 근본이신 하나님께 모든 지혜를 간구하십시오. 하나님의 응답을 체험할 수 있을 것입니다.

하나님께서 지혜를 구하는 자에게 지혜를 주겠다고 약속하셨습니다.

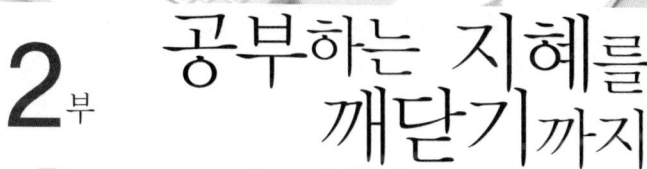

2부 공부하는 지혜를 깨닫기까지

1. 갈 바를 알지 못하고 나갔으니

고시 공부도 안 하면서 법대는 왜 왔나?

기독학생으로서 공부하는 방법을 설명하기 이전에, 내가 어떻게 이러한 문제에 관심을 갖게 되었고 그 비결(?)을 깨닫게 되었는지, 우선 그 과정을 설명해야 할 것 같습니다.

나는 고등학생 시절, 나의 적성이 법학에 맞다고 생각하였습니다. 그래서 담임선생님은 사범대학으로 진학할 것을 권면하셨지만, 결국 나의 고집대로 고려대학교 법과대학에 진학하였습니다. 대학 시절에는 참으로 열심히 생활하였습니다.

가정 형편상, 저녁에는 매일 아르바이트를 해야 했기 때문에 따로 공부시간을 확보하기가 쉽지 않았습니다. 그래서 수업시간에 빠지지 않고 열심히 출석해서 교수님 강의에 귀 기울이고, 수업이 비는 시간에는 도서실에서 꾸준히 공부하였습니다.

또 교회에는 고등학교 때부터 출석하였지만, 대학시절에야 예수님을 만나 그분을 구주로 영접하였습니다. 그리고는 교회를 중심으로 신앙생활을 열심히 하였습니다.

폭넓은 경험을 쌓기 위하여 마음이 맞는 선배들과 여행을 떠나기도 하고, 때로는 내면의 음성을 들으며 나 자신을 반성하기 위하여 혼자서 훌쩍 여행을 떠나기도 하였습니다.

경험의 폭을 넓히기 위하여 여건이 허락되는 대로 음악회, 연극, 전시회 등도 열심히 좇아다녔습니다.

그러나 법학은 내가 기대한 것과는 상당히 달랐습니다.

한때는 내가 전공을 잘못 선택한 것이 아닌가 하며, 많이 고민하였습니다. 하지만 어찌 되었든 학교생활을 열심히 한 덕분에, 1978년인 2학년 때에는 과 수석을 할 만큼 시험 성적도 좋았습니다. 2학년을 마칠 무렵, 지도 교수님과 함께 학장님 사무실을 방문하였습니다.

"자네, 학과 성적이 매우 좋더구만! 사법고시 공부는 시작하였나?"

"사법고시 공부는 지금까지 한 일이 없습니다. 또 앞으로도 할 생각이 없습니다."

"그러면, 고시 공부도 안 하면서 법대는 왜 왔나?"

"법대에 들어오면 누구나 고시 공부를 해야 합니까?"

옆에서 학장님과 나의 대화를 지켜보던 지도 교수님은 얼굴이 붉으락푸르락하며 어쩔 줄 몰라 하셨습니다.

"고시 공부는 너무 일찍 시작해도 좋지 않지만 때가 있는 것이네. 자네가 고시 공부를 시작하겠다고 하면, 우리 대학에서 줄 수 있는 최고의 장학금을 지급하고 공부에만 열중할 수 있도록 도와주겠네. 잘 생각해 보게."

"학장님! 제가 고시 공부를 하지 않으면 장학금을 주지 않겠다는 말씀입니까?"

"······"

"저는 고시 공부는 하지 않겠습니다."

학장님 사무실을 나오면서 지도 교수님의 심한 꾸지람이 있었지만, 나는 개의치 않았습니다.

지금 생각해 보면, 당시 내가 왜 '고시'라는 것에 그렇게 큰 반감과 편견을 가지고 있었는지 모르겠습니다.

아마 당시가 박정희 대통령의 유신통치 말기였기 때문에, 어린 마음에 권력에 대한 반감 같은 것이 있지 않았나 생각됩니다.

그러나 학장님의 배려로, 고시 공부를 하지는 않았지만 장학금은 탈 수 있었습니다.

공자님은 30세에 뜻을 세웠는데

학교 공부와 군복무를 마치고는, 1983년 7월에 한국화약그룹(현재의 한화그룹)의 경인에너지주식회사에 입사하였습니다.

크리스천으로서, 교회에서뿐 아니라 사회에서도 인정받는 사람이 되겠다는 생각에 열심히 일하였습니다. 교회에서는 교사와 성가대원으로 열심히 섬겼습니다.

또한 회사에서도, 주어진 일만 하는 수동적인 직원이기보다는, 회사에 필요한 일을 찾아서 하는 적극적인 직원이 되기 위하여 노력하였습니다.

그 결과 3년 만에 대리로 승진한 후, 다시 4개월 만에 회사에서 매우 중요한 자리 가운데 하나라고 할 수 있는 원유기획과장으로 발령을 받았습니다.

원유기획과장은 원유부장을 보필하면서, 회사의 제품 공급 및 공장 가동 계획에 따라 적절한 원유를 수입하고, 유조선을 용선하며, 생산된 석유 제품을 수출하는 업무를 수행하는 자리입니다.

처음에는 너무 어린 나이(당시 28세였음)에 과중한 업무를 맡아 적지 않은 어려움이 있었습니다. 그러나 주변 사람들의 도움으로 곧 업무를 파악하여, 열심히 일할 수 있었습니다. 그 결과 회사에서는 정말로 인정받고 장래가 기대되는 중견 간부사원이 되었습니다.

그런데 정신없이 6개월여를 보내고 1987년 4월경이 되자, 하나님께 기도할 때마다 이상한 번민이 들기 시작하였습니다.

평사원일 때나 대리로 근무할 때는 잘 몰랐는데, 승진할수록 주일을 성수하는 일이 보통 심각한 문제가 아니었습니다.

사장이나 이사들은 대개 주일에 이런저런 회합에 어울려 골프를 치러 갑니다. 물론 골프 자체가 즐거운 일이기도 합니다. 그러나 골프 치는 것이 업무의 연장선 위에 있다는 것이 문제였습니다.

더구나 회사에 조금만 급한 문제가 생기면, 간부사원들은 주일이라도 출근해야 하는 것이 우리 기업의 솔직한 현실입니다.

하나님의 자녀된 우리들은 마땅히 교회와 세상에서 하나님의 일을 감당하여야 합니다. 그런데 겨우 회사의 초급 간부라 할 수 있는 과장의 일을 하면서도 하나님의 일을 거의 감당하지 못하고 있었으니, 걱정이었습니다.

내가 장차 부장이 되고 이사가 되었을 때에, 하나님께서 나의 시간, 나의 재능, 나의 물질을 요구하시면 나는 무엇을 드릴 수 있으며 하나님의 어떠한 일을 감당할 수 있을까?

교회학교에서 학생들에게는 "우리 인생의 최고 목적이 하나님을 영화롭게 하고 하나님께 영광을 돌려 드리는 것"이라고 가르치면서, 나는 어떻게 하나님을 영화롭게 할 것인가?

이러한 고민을 하다가 결정적으로 충격을 받은 것은, 내가 모시고 있던 K상무님이 어느 날 갑자기 사직을 강요당한 것이었습니다. 그분은 인격적으로나 업무지식 면에서나 참 존경할 만한 분이었습니다.

그분이 사직당한 형식상 이유는 경영상의 책임이었습니다. 그러나 실질적인 이유는 그룹 내 계파별 권력 암투의 희생양이 아니겠느냐는 직원들의 수군거림이 있었습니다.

이 일로 번민을 안고, "사람이 마음으로 자기의 길을 계획할지라도 그 걸음을 인도하시는 자는 여호와시니라"(잠 16:9) 는 말씀을 의지하며 "하나님, 어찌하면 좋겠습니까?" 하면서, 해답을 주실 것을 기다리며 기도하기 시작하였습니다.

그런데 이상한 것은, 기도할 때마다 하나님께서 회사를 그만두라고 하시는 것입니다. 회사를 그만두고 자유직업인이 될 것이로되, 대학시절 법학을 전공하였으니 변호사가 되라는 것입니다.

변호사가 되면 스스로 시간을 관리할 수 있으니 주일 성수에 아무런 문제가 없고, 하나님께서 시간 좀 내라고 하실 때 얼마든지 시간을 할애할 수 있을 것이고, 그렇게 충격 받았던 신분에 대한 불안도 없을 것이 아니냐고 하시는 것입니다.

'세상에! 하나님도 참 너무하시지. 변호사는 아무나 됩니까?'

그 어려운 사법시험에 합격하여야 하는데, 그렇다면 왜 나를 원하지도 않은 원유기획과장으로 보내서서 이 고생을 하게 하셨는지 이해할 수 없는 일이었습니다.

하나님께서 나에게 회사를 그만두고 변호사가 되라고 하셨지만 인간적으로 판단할 때는 도무지 말이 되지 않은 지시라고 생각하였습니다. 비록 법학을 전공하기는 하였지만, 학창시절부터 사법시험에는 전혀 관심이 없었습니다.

사법시험은 정말 힘겨운 시험입니다. 우선 수적으로 볼 때, 1차 시험에 2만 명에 가까운 전국에 내로라 할만한 법학도들이 응시하여 그 중에서 800명 내외가 합격됩니다.

그리고 2차에는 전년도 1차 합격자 700여 명을 포함하여 약 1천500명이 시험을 치르고 300명 내외가 합격된 후, 최종 3차 면접시험을 통하여 합격자가 선발됩니다(지금은 합격 인원이 많이 늘어나기는 하였지만, 합격하기가 어렵기는 마찬가지일 것입니다).

공부의 양적인 면에서도 얼마나 힘겨운 시험인가를 알 수 있습니다. 1차 시험을 위해서는 8과목을 공부하는데, 기본적인 교과서, 문제집, 참고서를 1권씩만 공부한다고 하여도 30여 권이 되는 책을 1~2년 내에 공부해야 합니다.

2차 시험 역시 8과목을 공부하는데, 기본적인 교과서, 문제집, 참고서 외에 중요 논문들까지, 최소한 2~3년 내에 40여 권의 책을 공부해야 합니다.

 따라서 사법시험에 합격하기 위해서는, 빠른 경우 2년 정도 공부하고, 대개는 평균적으로 3~4년 수험 준비를 해야 합니다. 심한 경우, 10여 년에 걸쳐 사법시험 준비에만 매달리는 사람도 흔히 발견할 수 있는 형편입니다.

 그러하니 내가 만일 회사를 그만두고 사법시험을 준비하다가 합격하지 못하면 완전히 인생의 낙오자, 패배자가 될 수도 있는 것입니다.

 또한 나의 주변에 있는 사람들의 반대가 이만저만이 아니었습니다. 근무 조건이 좋고 월급도 많이 주는 안정된 직장에서 그것도 입사 후 3년 3개월 만에 과장이 되어 인정받고 있을 뿐만 아니라 장래도 촉망되고 있는데, 도대체 왜 박차고 나와 합격 여부도 불투명한 사법시험을 준비하려고 하는가, 아무리 신앙적인 동기가 있다고 하지만 상식적으로 도저히 용납할 수 없고 무모한 생각이라고 하지 않을 수 없다고 하였습니다.

 부모님은 물론 교회의 목사님까지도, 너무 무모한 결정이 아닌지 깊이 생각하고 기도해 볼 것이며, 결코 서두르지 말라고 충고하셨습니다.

무엇보다도 결정적인 어려움은 경제적인 문제였습니다. 당시 나는 이미 아내와 1남 1녀의 두 아이를 둔 가장이었고, 나이도 29세였습니다.

최대한 빨리 사법시험에 합격한다고 하여도 최소한 3년은 걸릴 텐데, 부모님에게서 따로 물려받은 유산이 있는 것도 아니었습니다. 더구나 결혼생활 3년 동안 아내가 아무리 알뜰 살림으로 저축을 하였다 하여도, 몇 백 만원이 안 되는 형편이었습니다.

퇴직금까지 모두 포함해서 1천만 원도 안 되는 돈을 가지고 앞으로 3년 정도의 생활을 유지할 수는 없는 일이었습니다.

가장이 가족들의 생계를 무시한 채, 자기가 하고 싶은 일만 할 수는 없는 일인 것입니다.

공자님은 나이 30세에 뜻을 세웠다고 하였는데, 나도 30세가 넘으면 결단을 내리기가 어려울 것이라 생각하였습니다. 그래서 하나님께서 나의 앞길을 인도하여 주실 것이라고 믿고, 계속 기도할 뿐이었습니다.

갈 바를 알지 못하고 나갔으니

과연 하나님께서 어느 길을 원하시는 것인지 깨닫지 못한 채, 바쁘게 돌아가는 회사 생활에 얽매여 하루하루를 보내고 있을 무렵이었습니다. 성경을 읽어 내려가던 어느 날, 나의 눈을 번쩍 뜨이게 하는 말씀을 발견하였습니다. 히브리서 11장 8절 말씀이었습니다.

"믿음으로 아브라함은 부르심을 받았을 때에 순종하여 장래 기업으로 받을 땅에 나갈 새 갈 바를 알지 못하고 나갔으며"

믿음의 선진들에 대하여 하나하나 기록하여 그 믿음을 논증해 간 히브리서 기자는, 믿음의 조상 아브라함에 이르러서는 그렇게 기록한 것입니다.

아브라함은 하나님께로부터 "너는 너의 본토 친척 아비 집을 떠나 내가 네게 지시할 땅으로 가라."고 부르심을 받았습니다. 그 때에 아브라함은 하나님께서 지시하신 땅이 구체적으로 어떠한 곳인지 정확하게 알지 못하였습니다.

그러나 하나님의 신실하심을 온전히 믿고 하나님만 의지하여 나갔는데, 그 갈 바를 알지 못하고 나간 것입니다. 그것이 바로 믿음입니다.

이 말씀은 곧 내가 처한 형편에 적용되었습니다.

"그래, 내가 안정되고 장래가 보장된 이 회사를 그만두고 사법시험을 준비한다고 했을 때, 쉽게 합격할 수 있을지 불합격할지 장담할 수 없는 일이다. 그러나 내가 사법시험에 합격하여 변호사가 되려는 목적이 나의 명예와 영달이 아니라 하나님 앞에서 더욱 신실하게 살기 위한 것이니까, 하나님만 의지하고 나아가면 아브라함을 축복하셨듯이 나에게도 같은 복을 주실거야."

이 말씀을 받고 기도에 임하니, 하나님께서 나에게 원하시는 길이 분명해졌습니다.

기도를 하면 할수록, 변호사가 되기 위하여 다니던 회사를 하루 빨리 그만두고 사법시험 공부를 해야 한다는 확신이 더욱 강해졌습니다. 게다가 주변의 모든 사람들이 나의 이런 결정에 대하여 지나치게 무모하다며 반대하여도, 사랑하는 아내만큼은 믿음의 사람답게 나를 믿고 격려해주니 고맙기 이를 데 없었습니다.

"여보! 당신이 변호사가 되려는 이유가 하나님 앞에서 순수하고 또 하나님께서 원하시는 길인 이상, 하나님께서 틀림없이 함께해 주실 거예요. 아이들이 커서 학교에 들어가고 당신도 나이가 더 들면 더욱 하기가 어려울 테니, 하루속히 결단을 내리세요. 저는 당신을 믿어요."

사법시험이 아무리 합격하기 어려운 시험이라 하여도 말씀의 응답, 기도의 확신으로 용기를 얻은 데다가 아내까지 나를 믿고 적극 후원해주니, 회사를 그만두고 사법시험 준비에만 전념하면 3년 이내에 얼마든지 합격할 수 있을 것 같았습니다.

그러나 나는 아브라함 같은 믿음을 갖기에는 너무나 부족하고 연약하였습니다.

'최소한 3년 동안 가족들의 생계는 어떻게 유지할 것인가?'

경제적인 문제가 해결되지 않는 한, 당장 회사를 그만둘 수 없는 일이었습니다. 그런데 1987년 8월경, 하나님께서는 놀랍게도 상상할 수 없었던 방법으로 3년간 가족들의 생계 문제를 해결해 주셨습니다.

내가 다니던 경인에너지주식회사는 그 때까지는 증권시장에 상장되어 있지 않은 미공개 회사였습니다. 그러나 정부의 기업공개 방침에 부응하고 향후 기업 투자재원 조달을 위하여, 기업공개를 하게 되었습니다.

기업 공개를 하면 종업원 지주제의 일환으로, 회사 종업원들에게 일정 비율의 주식을 배분하도록 법으로 강제되어 있습니다. 그런데 경인에너지주식회사는 장치산업으로, 자본이나 자산 규모는 큰 데 비하여 종업원은 800여 명에 불과하여, 개인에게 배정되는 주식이 상당하였습니다.

액면가 5천원의 주식은, 배정 받은 지 몇 개월이 지나지 않아 증권시장에서 1주당 2만 원 내외로 거래되었습니다. 그리하여

순식간에 1천 만원이나 되는 돈이 생각지도 못하였던 방법으로 마련되었습니다.

회사를 그만두고 사법시험 준비를 하는 데 장애가 되는 모든 문제가 해결된 것입니다. 즉시 회사를 그만두어야 하였지만, 해외 출장을 비롯한 회사의 급한 문제를 어느 정도 마무리하여 놓고 나니 1987년 10월초가 되었습니다.

여기서 독자들은 자칫 회사원 생활이 하나님 뜻대로 살기에는 부적합하다거나, 회사원들이 모두 대충 신앙생활하고 있는 것처럼 오해하지 않기를 바랍니다.

나는 직장 내에서 신우회 활동을 하였습니다. 많은 직장에는 신우회가 조직되어 있으며, 또한 적극적으로 활동하고 있습니다.

나는 직장에서, 존경할 만한 신앙의 선후배들을 만나 교제하였던 아름다운 추억을 가지고 있습니다. 내가 속한 교회에도 바쁜 직장 생활 중에도 믿음의 본을 보이며 신앙 생활하는 분들이 많습니다.

하여튼 1987년 10월, 4년 4개월 동안 재직하였던 회사에 사직서를 제출하였습니다. 아브라함의 믿음 본받기를 소원하면서.

세심한 여호와 이레의 손길

창세기에 보면, 믿음의 조상 아브라함에게 최대의 시험이 닥쳐옵니다. 아브라함의 나이 100세에 하나님께서 주신 아들 이삭을 모리아 산에 가서 번제로 드리라는 것입니다.

참으로 이해할 수 없는 하나님의 명령이었습니다. 아브라함이 하나님께서 구해서 얻은 아들도 아니고, 하나님께서 먼저 아브라함에게 나타나셔서 주겠다고 약속하신 후 그 약속대로 주신 아들이었습니다.

아브라함의 나이는 100세, 그의 아내 사라는 경수가 끊어져 의학적으로도 도저히 임신이 불가능하였던 가운데 전적인 하나님의 은혜로 얻은 아들이었으니, 아브라함이 얼마나 그 아들을 사랑하였겠습니까?

더구나 당시 산 사람을 잡아 번제로 드리는 것은 이방신들에 대한 풍습이었지, 하나님의 방법은 전혀 아니었습니다. 그러나 아브라함은 놀랍게도, 하나님의 명령에 따라 이삭을 번제로 바치려고 하였습니다.

아브라함의 마음과 믿음을 확인한 하나님께서는 이삭 대신에 숫양을 예비하여 번제로 드리게 하셨는데, 아브라함이 그 땅 이름을 '여호와 이레'라고 하였습니다. 그 뜻은 '여호와의 산에서 준비되리라'는 것입니다.

즉 하나님께서 준비해 주신다는 것입니다.

회사를 그만두고 나니, 지나친 격무 및 스트레스로 인하여 육체적으로 상당히 약해 있었으며, 정신적으로도 휴식이 필요하였습니다.

제일 먼저, 아내와 아이들을 데리고 강원도 설악산으로 여행을 떠났습니다. 맑은 공기와 아름다운 산세, 시원한 동해가 있는 곳에서 며칠 동안 쉬며 기도하는 가운데 미래를 준비하고 나니, 하나님의 사랑과 보호의 손길을 더욱 느낄 수 있었습니다.

서울로 돌아온 후 즉시 사법시험의 시행시기, 시험과목, 필요한 교재 등을 알아보니, 매년 5월 초순경 1차 시험이 있고, 7월경에 2차 시험이 있었습니다.

1차 시험까지는 6개월여밖에 남지 않아서 시험공부가 급하였습니다. 그러나 우선 급격하게 떨어진 체력을 회복하고 정신적으로 무장하는 일이 더욱 급한 일이라 판단하였습니다.

체력 보강을 위하여 한약도 지어 먹고, 영적 무장을 위하여 약 1개월 간 말씀을 묵상하면서 기도하며 지냈습니다.

그러면서 틈틈이, 이미 사법시험에 합격하였거나 대학 졸업 후 6~7년이 지난 그 때까지도 준비를 하고 있는 친구들을 만나 정보를 수집하였습니다.

어떤 책을 선택하여 공부하는 것이 유리한지, 학습 계획은 어떻게 세워야 하는지, 시험 문제의 출제 경향은 어떠한지, 시험 문제 출제 교수님들의 성향은 어떠한지, 공부시간이나 장소는 어떻게 정하는 것이 좋은지 등의 제반 정보를 수집하였습니다.

그런 후, 아무래도 공부 장소는 학교 고시실이 최적이라 판단하고, 1987년 11월 중순경 모교인 고려대학교 법학과 사무실을 찾아가 도움을 요청하였습니다. 뜻밖에도, 내가 학교 다닐 때 근무하던 직원이 그 때까지도 계속 근무하고 있었는데, 나를 알아보고는 반갑게 맞아 주었습니다.

직원에게 그 동안의 사정을 설명하고, 학교에서 사법시험 준비를 할 수 있도록 도와 달라고 요청하였습니다. 그러나 고시실 좌석 수가 그리 많지 않은 데다가, 이미 10월에 사법시험 3차 최종 합격자 발표가 있은 후 새로 고시준비생들을 모두 충원하였으므로, 빈 좌석이 없다는 대답이었습니다.

우선 사설 도서관에서라도 공부하고 있으면, 나중에 겨울방학이 되면 지방으로 내려가는 학생이 많이 생기므로 즉시 연락해 주겠다는 친절한 배려에 감사하면서 자리에서 일어섰습니다.

그런데 바로 그 순간, 한 학생이 사무실로 급히 들어왔습니다. 그리고는 직원에게 하는 말이, 고시실에서 공부하던 학생 한 명이 시골에 급한 일이 있어 오늘 퇴실하였으니 새로운 고시 준비생 한 명만 충원해 달라는 것이었습니다. 할렐루야!

이것이 여호와 이레가 아니고 무엇이겠습니까?

조금 더 빨리 학교 사무실을 찾아갔거나 조금 늦게 갔어도, 나는 그 자리를 얻을 수 없었을 것입니다.

한 치의 오차도 없이 준비해 주시고 세심하게 배려해 주시는 하나님의 손길을 체험하면서, 생소한 고시실 책상 앞에 앉아 제일 먼저 하나님께 감사 기도를 드렸습니다.

이렇게 하여, 1987년 11월 중순경부터 본격적인 사법시험 준비에 들어갔습니다.

2. 하나님 먼저

하나님 먼저

사법시험 준비를 본격적으로 시작하면서, 나에게 지침을 주었던 말씀은 열왕기상 17장 10절에서 16절까지의 엘리야 선지자와 사르밧 과부의 이야기였습니다.

수년 동안의 가뭄으로 식량이 다 떨어져, 이제 나뭇가지 두엇을 주워다가 마지막 남은 통에 가루 한 움큼과 몇 방울의 기름으로 아들과 함께 떡을 만들어 먹으면 그 후에는 굶어 주게 된 한 과부에게 불현듯 선지자 엘리야가 찾아왔습니다.

엘리야는 과부를 향하여 "먼저 그것으로 나를 위하여 작은 떡 하나를 만들어 내게로 가져오고 그 후에 너와 네 아들을 위하여 만들라"(왕상 17:13)고 요구하였습니다. 그 때 과부가 "가서 엘리야의 말대로 하였더니"(왕상 17:15) 가뭄이 끝날 때까지 과부의 통에 가루가 다하지 아니하고, 병에 기름이 없어지지 않았습니다. 이 말씀에서 깊은 영적 깨달음을 얻었던 것은, 하나님께서 우리에게 원하는 것은 하나님 우선주의 생활이며, 우리가 하나님 우선주의로 살 때 하나님께서 우리에게 약속하신 복을 내려 주신다는 것이었습니다.

또한 하나님께서는 우리가 감당하기 어려운 '많은 것'을 요구하시는 것이 아니고, 먼저 '작은 떡 하나'를 드리라는 것이었습니다.

만약 엘리야 선지자가 마지막 남은 밀가루로 만든 떡을 모두 달라 하였으면, 과부도 순종하기가 쉽지 않았을 것입니다.

위의 말씀은 바로, 예수님의 산상수훈 중 "너희는 먼저 그(하나님)의 나라와 그의 의를 구하라. 그리하면 이 모든 것을 너희에게 더하시라"(마 6:33) 는 말씀에 연관됩니다.

위 말씀에 입각하여 고시 공부를 하면서, 공부에 임하는 몇 가지 원칙을 세워놓았습니다.

첫째, 주일을 꼭 성수한다.

시험 준비를 할 때에는 화장실에 가는 시간조차 아까웠습니다. 그래서 점심과 저녁 식사를 하러 책상에서 일어나는 시간 외에는 화장실에도 가지 않는 학생들이 있었습니다.

그러니 일주일에 하루를 쉰다는 것은 보통 용기가 필요한 일이 아니었습니다.

그러나 월요일에서 토요일까지 최선을 다하여 공부하고 나면 주일에는 더 이상 공부하고 싶어도 몸이 따라 주지 않는 것을 경험하면서, 엿새는 힘을 다하여 열심히 일하고 안식일은 거룩히 지키라는 하나님의 말씀의 오묘함에 탄복하기도 하였습니다.

주일을 성수하는 것은 일주일의 시작을 먼저 하나님께 드리는 것입니다.

일주일 동안 열심히 공부하고 난 후, 온 가족의 손을 잡고 하나님의 교회에 나가 예배하고, 예배를 마친 후 우동 한 그릇이라도 외식하던 그 즐거움과 행복감은 지금도 잊을 수가 없습니다.

둘째, 매일 아침 성경을 읽고 기도하는 것으로 하루의 일과를 시작한다.

매일 저녁 11시경까지 학교 고시실에서 공부하다, 집에 돌아오면 충분한 수면을 취한 후, 아침 8시 30분경에 등교하였습니다. 등교 후 약 30분간 성경 3장 내지 5장을 읽고 묵상하며 기도하는 것으로 하루의 일과를 시작하였습니다.

나는 하루의 공부를 시작하기 전의 첫 시간을 먼저 하나님께 드리고 싶었습니다.

기도할 때에는 구체적으로 기도하였습니다.

먼저 지혜의 근원이신 하나님께 지혜를 간구하였습니다. 요령 있게 최대한 시간을 선용할 수 있기를 기도하였고, 중요한 것과 중요하지 않은 것을 분별할 수 있는 통찰력과 건강을 위하여, 기억력을 위하여 간절히 기도할 뿐 아니라, 가족들과 주변의 가까운 친지, 친하게 지내는 몇몇 목사님에게도 중보기도를 부탁하였습니다.

셋째, 하나님의 섭리와 도우심을 믿되, 내가 할 수 있는 만큼 최선을 다하는 '진인사 대천명(盡人事 待千命)'의 자세를 끝까지 견지한다.

우리 조상들은 예부터, 사람의 할 바를 다한 후에 하늘의 명령을 기다리는 자세를 갖춰왔습니다.

이상 세 가지 원칙을 나름대로 세워놓고, 매일 아침 8시 30분에 등교하여 저녁 11시에 집에 들어오는 규칙적인 일정에 맞춰 공부를 하였습니다.

내가 있던 고시실에는 24명의 수험생이 공부하고 있었는데, 그 중에서 내가 제일 나이가 많았습니다. 함께 공부하던 후배들은 모두 의아한 눈초리로 저를 지켜보았습니다. 도대체 나이는 30세가 넘어 고시 공부를 하면서, 주일에는 공부하러 나오지도 않고 또 매일 등교해서는 성경이나 보면서 시간을 낭비(?)하는 고참 수험생이 어느 세월에 시험에 합격할까 하는 걱정어린 눈초리였음을 기억합니다.

  그러나 결과는 함께 공부하던 수험생들 중 내가 가장 먼저, 가장 좋은 성적으로 합격하는 것으로 나타났습니다.

  이 일로 말미암아 하나님의 영광을 드러내고, 여러 사람에게 신앙의 본을 보이며 전도의 기회로 삼을 수 있게 된 것이 지금도 기쁘고 자랑스럽습니다.

너 잘난 게 뭐니

1987년 11월 중순경 사법시험 공부를 시작한 때로부터 6개월도 채 남지 않은 1988년 5월초, 1차 시험이 있었습니다.

그 때까지 8과목(헌법, 민법, 형법, 영어, 국사, 세계문화사, 경제학원론, 국제사법)이나 되는 많은 양을 공부하기란 도저히 불가능하였습니다. 그러나 하나님께 기도할 때마다 마음속에 이러한 음성이 들려오는 것 같았습니다.

"왜 공부해 보지도 않고 미리 포기하니? 할 수 있는 한 최선을 다해 공부하겠다고 약속하지 않았니? 한 번 해 봐!"

그래서 학습 계획을 전면 수정하였습니다. 헌법, 민법, 형법은 2차 시험까지도 준비해야 하는 중요 과목이니, 90점 이상 받을 수 있도록 중점 공부해야 하였습니다. 국사 및 세계문화사는 역사학 전공 학생들조차도 모르는 어려운 문제가 출제되고 암기해야 할 사항도 많은 어려운 과목이었지만, 공부 시간의 절대 부족 때문에 부득이 고등학생들이 대학교 입학시험 준비를 위해 공부하는 간략한 참고서만으로 대비하였습니다.

다행히 사법시험 준비생들이 가장 어려워하는 영어는 회사에 근무할 때 틈틈이 공부해 둔 데다, 대학시절 고등학생들 과외를 시키면서 중요 문법 및 어휘는 어느 정도 정리해 놓아 별도로 공부하지 않았습니다.

경제학원론 및 국제사법은 그리 어려운 과목이 아니어서, 짧은 시간 동안 무난히 공부할 수 있었습니다.

1차 시험 준비 기간은 눈 깜짝할 새에 지나가 버렸습니다.
1988년 5월초에 치른 1차 시험은 생각보다 그렇게 어렵지는 않았습니다. 비록 공부한 양이 절대적으로 부족하기는 하였지만, 나름대로 계산해 보니 평균 83점에서 85점 정도는 될 것 같아, 뜻밖에 1차는 쉽게 합격할 수 있을 것 같았습니다.

그런데 정말, 1988년 6월 25일 신문의 1차 합격자 발표란에 내 이름 석 자가 올라 있는 것이었습니다. 그 때의 기쁨은 이루 헤아릴 수 없었습니다.

잠시 하나님의 분에 넘치는 은혜를 잊고, 마음 한 구석에 교만한 마음이 일어났습니다.

"나 정도 되니까 5개월 여 만에 1차 시험에 합격하지!"

고시실에서 함께 공부하던 후배들도 하나같이 놀라며 기뻐해 주었습니다.

"형님! 대단합니다. 어떻게 그렇게 짧은 기간에 1차 시험에 합격할 수 있습니까? 혹시 회사 재직 중일 때부터 미리 공부해 오셨습니까?"

"아니야, 운이 좋았을 뿐이지."

겉으론 겸손한 척 하였지만, 속마음으로는 그렇지 않았습니다.

'야! 반년이면 충분히 합격할 1차 시험을, 너희는 어떻게 2~3년 공부하고도 실패하냐?'

내 속에는 교만하고도 우쭐한 마음으로 가득 차 있었습니다. 며칠이 지난 후, 1차 시험 점수를 확인하러 갔습니다. 나는 그곳에서, 나의 시험 점수가 커트라인에 걸려 간신히 합격했다는 사실을 확인하였습니다. 그 순간, 등 뒤에서 흘러 내려오는 식은땀을 주체할 수가 없었습니다.

"하나님, 죄송합니다. 제가 뭐라고, 잠시 동안 하나님의 은혜를 깨닫지 못하고 교만하였던 잘못을 용서해 주옵소서. 저는 아무것도 아닙니다. 다만 하나님만이 저의 앞길을 아시오니, 인도해 주옵소서."

기도하면서 얼마나 하나님 앞에 회개하였는지 모릅니다.

더구나 나중에 사법시험에 최종 합격하고 난 후 사석에서, 당시 총무처 고시과에 근무하며 사법시험 절차 일체를 책임지고 있던 동창생에게서 다음과 같은 이야기를 전해 듣고는, 나의 시험 합격이 오로지 하나님의 은혜였음을 깨달았습니다.

사법시험 1차는, 8과목에 각 과목 40문제로 총 320문제를 객관식으로 치르게 되어 있습니다.

2만여 명의 수험생이 시험을 치러 700~800명을 우선 선발하는데, 1988년의 커트라인은 원래 82.81점이었다는 것입니다. 그런데 시험 문제 출제위원 중 S대의 보 교수님이, 자신이 근무하고 있던 대학교에서 학생들의 모의시험에 출제하였던 민법 시험 문제 중 세 문제를 그대로 출제한 사건이 밝혀졌습니다.

이로 인해 사법시험 문제 사전유출사건이 신문지상에 폭로되고, 수험생 중 일부는 대법원과 총무처를 찾아가 데모까지 하는 사고가 발생하였던 것입니다.

이러한 문제에 부딪히자, 사법시험 합격자 사정위원회에서는 선의의 피해자들을 가능한 한 많이 구제해 주기로 하고, 그 방법으로는 커트라인을 최대한 낮추기로 하였습니다.

그러나 문제가 되었던 커트라인을 세 문제 점수만큼 낮추면 1차 합격 인원이 너무 많아지기 때문에, 부득이 두 문제 점수만큼 낮추어 평균 82.18점으로 할 것을 최종 결정하였던 것입니다. 마치 하나님께서 나를 합격시키기 위해서 그러신 것처럼…. 나의 시험 점수가 평균 82.18점이었습니다. 나는 지독히도 운이 좋았을까요? 나는 그렇게 생각하지 않았습니다.

하나님께서 그 일에도 간섭하셨다고 믿습니다. 사람들이 그건 아니라고 부인하여도, 나는 하나님께서 나에게 은혜를 주셨다고 믿습니다.

나는 잘난 게 하나도 없습니다.

사탄의 시샘

공부하는 것은 참으로 즐겁습니다.

공부하는 기쁨을 발견한 사람은 공부하는 게 참으로 즐겁습니다.

그러나 시험을 앞두고 합격·불합격의 갈림길이 있는 공부는 즐거움보다는 고통이 많이 따릅니다. 불합격에 대한 불안감, 쉬고 있으면서도 공부해야 한다는 중압감을 떨쳐 내기란 참으로 어렵습니다.

공부가 잘 되고 진도가 잘 나가면 공부하는 것이 신나지만, 아무리 공부해도 잘 안 될 때면 현실에서 벗어나 어디론가 도피하고 싶기도 합니다.

1차 시험에 합격하고 나서 2차 시험을 치를 때까지의 1년간은 참으로 열심히 공부하였습니다. 새로운 책을 한 권 한 권 살 때마다, 나의 마음은 기쁨과 소망으로 가득 찼습니다.

그러나 공부라는 것이 항상 잘 될 수만은 없는 것입니다.

어떤 때는 아침 9시부터 밤 11까지 책상에 앉아 공부하였지만 실제 공부한 성과 면에서는 겨우 교과서 30쪽 정도의 학습량에 불과하였고, 후배들과 앉아 수다를 떨거나 운동하면서 반나절을 허비하기도 하였습니다.

공부가 잘 되지 않을 때, 제일 좋은 방법은 하나님의 전에 나아가 하나님께 답답한 마음을 털어 놓는 것입니다.

하나님께서 인도하시는 수험 생활이었지만, 그러나 평탄한 길만 예비된 것은 아니었습니다.

한참 성장기에 있던 아이들이 여러 번 아팠는데, 당시는 전국 지역 의료보험이 아직 시행되지 않던 때라 의료보험 혜택도 없이 많은 돈을 들여 병원에 다녀야 했고, 아내도 건강이 나빠져서 걱정 때문에 공부를 제대로 하지 못하였습니다.

결정적인 사탄의 시험은 나의 어머니를 통하여 왔습니다.

1989년 초, 내가 사법시험 준비에 한참 열을 내고 있을 무렵, 어머니께서 서울대학병원에서 유방암이라는 진단을 받고 수술해야 할 형편에 처하였던 것입니다.

그러나 아내는 어머니의 병환이 나의 공부에 방해가 될까봐 나에게는 알리지도 않은 채, 40여 일을 혼자 병실을 지키며 어머니를 간호하였습니다.

내가 8시경 학교에 등교하고 나면 두 아이들을 장모님에게 맡기고 병원에 갔다가, 내가 집으로 돌아오기 전인 밤 10시경 귀가하는 일을 아내는 반복하였습니다.

나는 그러한 것을 전혀 모른 채, 공부에만 열중하고 있었습니다. 아내는 어머니가 병원에서 퇴원하고 난 다음 날에야, 나에게 그 사실을 알려 주었습니다.

아내가 그렇게 자랑스럽고 고마울 수가 없었습니다. 그가 얼마나 눈물을 뿌리며 하나님께 기도하였을지는 짐작하고도 남았습니다.

하나님의 은혜가 무척 커서, 수도 없이 감사 기도를 드렸습니다.

어머니는 수술 후 9년이 지났지만, 지금까지도 건강하십니다. 비록 3개월, 6개월마다 정기검진을 받아야 하지만, 이로 인해 하나님의 은혜를 깨닫고 구원받으신 어머니가 고맙기만 합니다.

이 일을 통하여, 나는 귀한 교훈 하나를 새삼 깨달았습니다.

'우리가 하나님을 잘 믿는다 하여도, 결코 어려움 없이 형통한 길만 있지는 않다.'는 것을….

오히려 우리가 하나님의 뒤를 따라갈 때, 이를 시샘하는 사탄이 수많은 장애물을 우리 앞에 설치해 놓는다는 것을….

그렇지만 하나님께서는 그 모든 것을 이기게 하신다는 것을….

요셉은 평생을 하나님과 동행하였고 또한 하나님께서 요셉과 함께 하셔서 그가 범사에 형통하였지만, 당시 그는 애굽의 시위대장 보디발의 종이었으며 억울한 일로 누명을 쓰고 왕의 감옥에 갇힌 상태였습니다(창 39장).

하나님께서 인도하시는 길이라 하여 어려움이 없는 것은 아닙니다. 다만 하나님께서는 그것을 이길 힘을 우리에게 주십니다.

4일 간의 마지막 시험

마침내, 1989년 7월 4일부터 시작되는 4일 간의 2차 시험이 다가왔습니다.

첫날은 국민윤리와 헌법 시험이었습니다. 첫날 첫 시험은 아무리 그 중요성을 강조해도 지나침이 없습니다.

그러나 첫 시험부터 벽에 부딪히고 말았습니다. 세 문제 중 25점짜리 두 문제는 그런 대로 쉽게 답안을 작성하였는데, 나머지 50점짜리 한 문제로 난관에 부딪힌 것입니다.

'과학적 사회주의의 강점과 약점을 논술하라.' 는 것이 그 문제였는데, 아무리 생각해 보아도 과학적 사회주의가 무엇을 의미하는지 떠오르지 않았습니다. 문제의 의미를 모르고 답안을 작성할 수도 없는 일이었습니다.

등에서는 식은땀이 줄줄 흘러내리고, 과도한 긴장으로 등줄기가 다 뻣뻣해지는 것 같았습니다. 두 시간의 시험 시간 중 1시간 30분이 지나도록 답안 작성을 하지 못하고 쩔쩔매면서 그저 눈을 감고 하나님께 매달리고 있는데, 갑자기 내 눈 앞에 믿을 수 없는 환상이 나타났습니다.

고등학교 1학년 때 국민윤리를 가르치셨던 구본안 선생님이 큰 칠판 앞에 나타나시더니, 큰 글씨로 '공상적 사회주의…마르크스' 라고 칠판에 쓰시며 설명을 해 주시는 것이었습니다.

"자본주의의 급격한 발전으로 여러 가지 부작용과 모순이 파생되자, 생시몽과 오웬과 같은 사회주의자들이 출현하게 되었다. 그런데 마르크스는 이러한 사회주의자들의 이론이 공상적 사회주의에 불과하였다며, 자신의 사회주의 이론이 바로 '과학적 사회주의'라고 주장하게 된 것이다."

결국 과학적 사회주의란 한 마디로, 마르크스의 공산주의에 불과하였던 것입니다. 그 때부터 더 이상 기다릴 것도 없이, 숨 가쁘게 16절지 답안지 5장을 앞뒤로 빽빽이 써 내려갔습니다. 답안 작성을 마치자 시험 종료 벨이 울렸습니다.

당시 나는, 맞는 답을 썼는지 아닌지의 여부조차 판단할 여유가 없었습니다.

어떻게 고등학교 1학년 때, 다시 말해 15년 전 선생님의 환상이 내 눈 앞에 나타날 수 있었을까요.

고등학교 졸업 후 한 번도 뵌 일이 없었는데….

이것은 전적으로 성령의 도우심이었습니다.

예수님의 제자들도 성령을 받고 나서야 예수님이 하셨던 말씀을 기억하고, 그 말씀을 이해할 수 있었던 것처럼….

나중에 사법시험 최종 합격 후 성적을 확인해 보니, 매우 잘못 봤다고 생각한 윤리 성적이 거의 최고 점수에 가까웠습니다.

두 번째 시험은 헌법 시험이었는데, 문제의 요지를 잘못 파악하여 크게 실수하였습니다. 첫날 두 과목의 시험을 모두 잘못 치렀다고 생각하니, 도저히 공부할 의욕이 나지를 않았기 때문입니다.

밥맛도 없었습니다. 다음 날 행정법과 상법 시험 준비를 해야 하는데, 책이 손에 잡히지를 않았습니다.

고시실 책상 앞에 앉아 아무리 기도하고 진정하려 해도, 도저히 진정이 되지를 않았습니다. 하는 수 없이 일찍감치 귀가하여 그냥 잠자리에 들었습니다.

다음 날에는 새벽 4시에 일어났습니다. 아침잠이 많은 나로서는 새벽에 일어나 공부해 보기는 처음이었습니다. 그러나 놀라운 집중력을 발휘하여, 시험 보기 직전까지 행정법과 상법 전체를 개괄적으로 일독할 수 있었습니다.

아내가 소화하기 좋은 죽과 신선한 과일을 아침 식탁에 내놓았지만, 불안한 마음에 도저히 식사를 제대로 할 수가 없었습니다. 그 때 갑자기, 아내가 식탁 옆에서 찬송가(432장)를 불러 주었습니다.

"너 근심 걱정 말아라. 주 너를 지키리.

주 날개 밑에 거하라. 주 너를 지키리.

주 너를 지키리. 아무 때나 어디서나

주 너를 지키리. 늘 지켜 주시리."

순간 나의 마음속에 말할 수 없는 평화가 찾아왔습니다.

그 덕분에 나는 둘째 날 시험을 무난히 치를 수 있었습니다.

셋째 날 시험은 민법과 민사소송법이었는데, 민법이 가장 큰 문제였습니다. 민법은 교과서만 해도 5권으로, 4천 쪽에 달하는 방대한 분량에다가 그 이론적 구성도 복잡하여 공략하기 어려운 과목이었습니다. 쉬운 과목부터 공략해 오다 보니, 민법은 가장 중요한 과목임에도 우선순위에서 밀려 매우 소홀하게 공부했던 것입니다.

시험을 치르기 전 약 10분 간, 시험 시작종을 기다리며 기도하면서 민법의 주요 예상 문제 답안 구성을 머리 속에 그렸습니다. 그리고는 시험 시작종과 함께 출제 문제를 보았더니, 놀랍게도 조금 전 머리 속에 그려 보던 바로 그 문제들이 출제된 게 아니겠습니까?

안도의 한숨으로 가슴을 쓸어내리면서 답안 작성에 임하였지만, 워낙 공부양이 부족하여 그리 좋은 점수는 아니었습니다.

마지막 날 시험은 형법과 형사소송법이었는데, 담담한 마음으로 마지막까지 최선을 다해 치를 수 있었습니다.

4일 간의 시험은 1년 동안 공부한 것을 모두 쏟아 붓는 시간이었습니다.

난생처음 치러 본 4일 간의 사법시험.

그것은 내 자신에게는 혈투나 다름없었습니다.

나 자신과의 싸움에 가장 큰 힘이 되었던 것은 장인어른의 중보기도였습니다. 장인은 시험기간 내내 나를 위해 기도하셨습니다.

4일 간 시험으로, 몸무게는 4kg이나 빠졌습니다. 그러나 행복하였습니다. 결과는 어떠하든지, 최선을 다하고 하나님께 맡겼으니까요.

가브리엘 권사님

2차 시험을 치르고 난 후, 시험에 실패하였을 경우를 대비하여 다시 시험 준비에 임해야 했으나, 책이 제대로 손에 잡히지를 않았습니다.

처음에는 최선을 다했다는 생각에 홀가분하였지만, 시간이 흐를수록 점점 불안해지는 마음을 숨길 수가 없었습니다. 그러던 중 합격자 발표가 있기 한 달 여 전, 참으로 이상한 꿈을 꾸었습니다.

내가 가족들 모두를 데리고 어느 기도원을 향해 산을 오르고 있는데, 기도원 입구에서 세 분의 권사님이 평상 위에 앉아 기도하고 있는 모습이 보였습니다.

그런데 그 권사님 중의 한 분이 나를 한 번 보시더니 "변호사님이 기도하러 오시는구만." 하시는 게 아니겠습니까? 나는 깜짝 놀라 권사님에게 말하였습니다.

"권사님, 저는 변호사가 아니고, 변호사가 되기 위해 이제 겨우 시험을 치른 걸요."

"집사님! 집사님은 이미 변호사가 되셨으니, 주의 장막을 넓히는 일에 헌신하세요."

"권사님! 권사님은 제가 변호사가 될지 어떻게 아세요?"

"기도하면 하나님께서 가르쳐 주시지요. 주의 장막을 넓히는

데 수고를 아끼지 마세요!"

그 순간 모기가 세 번이나 나의 팔을 무는 바람에 깜짝 놀라 잠에서 깨어났습니다. 이상한 것은 꿈속에서 모기에 물린 팔이 실제 모기에 물린 것처럼 얼얼하였던 것입니다.

다음 날 아침 아내에게 꿈 이야기를 하였더니, 하나님께서 꿈속에서 당신의 합격 소식을 알려 준 모양이라고 좋아하였습니다.

꿈속의 권사님은, 하나님의 기쁜 소식을 우리에게 전해 주는 가브리엘 천사였던 것입니다.

2차 시험 합격자 발표가 1989년 9월 9일로 예정되어 있었는데, 9월 8일 아침 집으로 합격 축하 전화가 걸려 왔습니다. 더군다나 300명의 합격생 중 12등이나 되는 좋은 성적으로 합격한 것이었습니다.

위와 같은 시험 과정을 거치면서 깊이 깨달은 것이 몇 가지 있었습니다.

제일 먼저, "사람이 마음으로 자기의 길을 계획할지라도 그 걸음을 인도하는 자는 여호와시라"(잠 16:9)는 것입니다.

그리고 우리가 인생에서 성공할 수 있는 비결은, 내 멋대로 계획하여 길을 정해 놓고 하나님께 나의 기도를 들어 달라고 떼를 쓸 것이 아니라는 것입니다.

하나님께서 나에게 원하시는 길이 무엇인지를 먼저 깨달아 그 길로 가기만 하면, 우리가 전혀 예상하지 못한 방법으로 모든 것을 이루어 주신다는 것입니다.

그리고 하나님께서 나에게 원하시는 것은 극히 작은 헌신이라는 것입니다. 하나님께서는 나의 헌신이 없어도 이 세상을 여전히 섭리하시고, 모든 것을 이루실 수 있는 분입니다. 그럼에도 작은 헌신일망정 나의 헌신을 구체적으로 요구하시는 것은 나를 사랑하시기 때문이고, 내게 복 주시기 위함인 것입니다.

하나님께서 물질이 부족해서 나에게 십일조를 요구하시는 것이 아니라, 수입의 1/10 되는 작은 것이라도 먼저 하나님께 드리게 함으로써 우리로 하여금 물질에 있어서도 하나님을 우선하는 삶을 살도록 훈련시키기 위함은 아닐까요?

이후 저의 인생관은 확고부동하여졌습니다.

'하나님 먼저!'

나는 삶의 우선순위를 바로 깨달아 살게 되었습니다.

12등 이하는 포기해!

사법시험에 합격하고 난 후, 그 동안 찾아뵙지 못하였던 어른들에게 인사하고, 친구들도 많이 만났습니다. 그러면서 서울의 저명한 미션 스쿨인 S고등학교에 영어 선생으로 재직 중인 친구에게서 뜻밖의 충격적인 소식을 접하였습니다.

당시 대학교 입시 경쟁률은 약 5:1 정도였습니다(최근 대학입시 경쟁률이 많이 떨어지기는 하였습니다). 학교는 한 반의 60명 중 5분의 1에 해당하는 12등 이내의 학생들만을 상대로 입시 위주의 공부를 시킬 수밖에 없고, 그 이하의 학생들에 대하여는 학교에서도 거의 포기한다는 내용이었습니다.

기독교 정신에 입각하여 공부를 시킨다는 학교가 이 정도면, 다른 일반 고등학교는 어떠할지 뻔한 일이었습니다.

'대학이 뭐길래!'

이 땅의 수많은 중·고등학생들과 그 부모들이 대학입시라는 조그만 시험 앞에 굴복되어 신앙마저 잃어버리고 세상으로 줄달음치는 안타까운 현실을 지켜보면서, 나는 나의 사법시험 준비 과정을 돌아보았습니다.

교회학교 중·고등부의 많은 지도 교역자들이나 교사들, 학부모들조차도 "신앙이 먼저냐, 공부가 먼저냐?"라는 헛된 물음 앞에서 단호하게 '신앙이 먼저'라고 결단하지 못하고, 그 중간

어디쯤에서 적당하게 타협하고 있는 모습을 많이 지켜보았습니다.

그래서 나의 사법시험 준비 체험을 통하여, 우리 삶의 우선순위를 하나님으로 놓고 올바르게 살아갈 때 신앙적으로 승리할 뿐 아니라 공부에서도 성공할 수 있다는 사실을 역설하고 싶었습니다.

그 때 마침, 나의 시험 준비를 위하여 열심히 기도해 주시던 유경동 목사님이 당시 직접 지도하시던 중·고등부 학생들을 위해 간증을 해 달라고 부탁하셨습니다. 그 때 '학습 10계명'이라는 제목으로 간증을 하였습니다.

이후 여러 교회에서 중·고등학생과 학부모들에게 신앙과 공부의 문제로 강연할 수 있는 기회를 가지면서, 그 동안의 체험을 체계화하고 관련 자료들을 수집하였습니다.

'학습 10계명'이란 표현은 너무 외람되다라는 생각에, '기독학생의 학습 성공 비결'이란 부제로 이 책을 작성한 것입니다.

이 자리를 빌어 나를 위하여 늘 기도해 주시고 격려해 주신 믿음의 동역자요, 존경하는 유경동 목사님에게 다시 한 번 감사를 드리고 싶습니다.

3부 기독학생의 학습 성공 비결

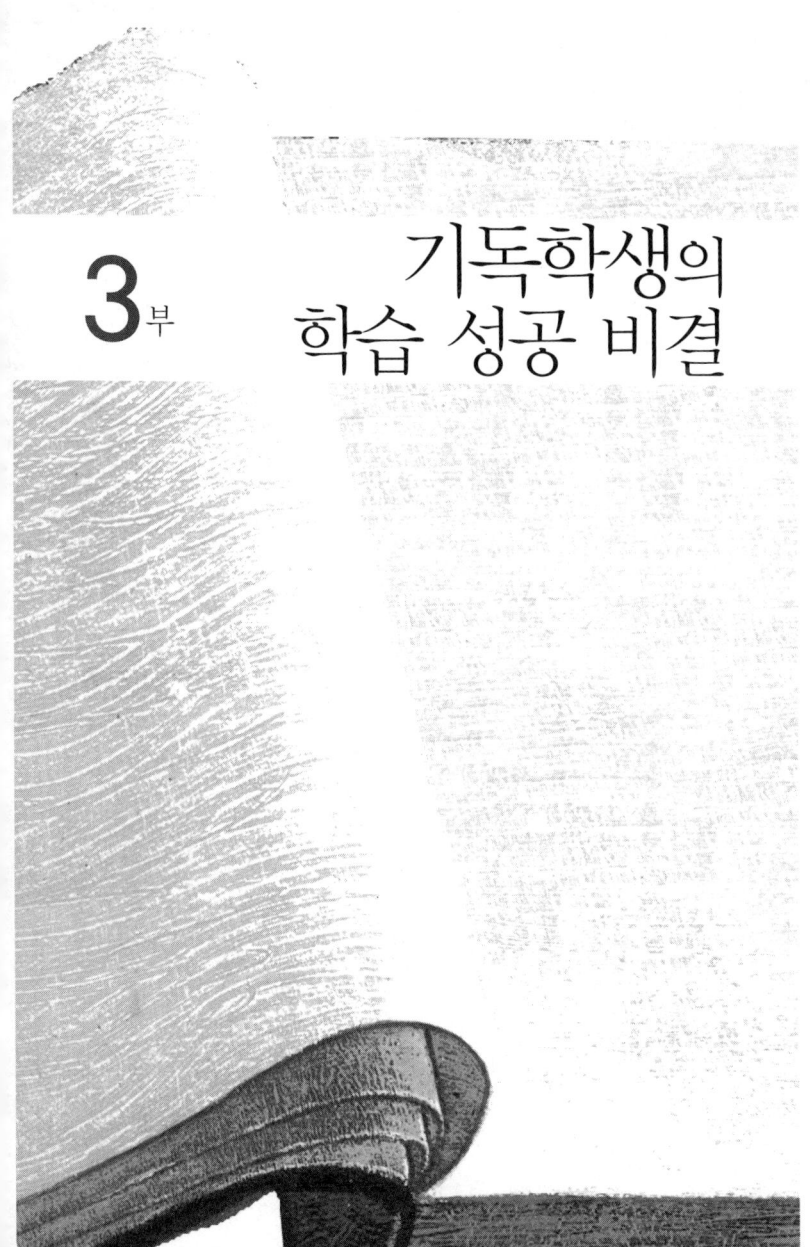

1. 대학이라는 우상을 마음속에서 제하여 버리라

대학이라는 함정

언제부터 대학이라는 곳이 이 땅의 중·고등학생들에게 절대 절명의 목표가 되었는지 모르겠습니다.

지금은 인구 증가율의 저하와 대학 정원의 대폭 확대로 입시 경쟁률이 많이 줄어들기는 하였지만, 사정이 별로 달라지지는 않은 것 같습니다.

고 3을 자녀로 둔 많은 부모님들이 자녀들에게 흔히 이렇게 이야기합니다.

"고 3, 일 년 간은 네 인생에서 가장 중요한 시기이다.
이 기간 동안만 모든 것을 포기하고, 딱 일 년만 참아라.
대학만 들어가면 네가 하고 싶은 것 네 마음대로 할 수 있다.
그러니 제발, 딱 일 년만 참아라."

그러나 그 '딱 일 년만'이 우리의 자녀들을 망치는 사탄의 속 임수임을, 우리 부모들은 명심해야 합니다.

교회의 장로님, 권사님도 자녀들이 고 3만 되면, 그렇게 열심히 봉사하던 학생 성가대도 1년만 쉬라고 종용합니다.

차마 주일 예배에까지 빠지고 공부하라고 할 수는 없으니까, 예배만 하고 얼른 귀가하여 공부하라고 잔소리합니다.

자녀들이 시험 준비하러, 또는 공부하러 가느라고 부득이 예배에 빠질 수밖에 없다고 하면, 슬며시 눈감고 모른 체 하기도 합니다.

그러나 모든 것을 포기해도 결코 포기할 수 없는 것, 그것은 바로 하나님을 믿고 예배하는 것입니다.

어떤 목사님이 우상 숭배의 현대적 정의를 "하나님보다 우선하여 다른 것을 더 귀중히 여기는 모든 행위"라고 역설하는 것을 들은 일이 있습니다.

참으로 적절한 지적이라고 생각합니다. 우리도 알지 못하는 사이에 돈과 명예가 우상의 자리에 앉아 있는 것을 봅니다.

가치 있는 목표 달성을 위하여, 잠시 자신의 욕망을 절제하고 열심히 노력하는 것은 참으로 귀한 일입니다.

그러나 우리가 의식하지 못하고 있는 사이, 대학 입학이 절대

절명의 목표가 되어 하나님보다 더 앞선 순위에 있지는 않습니까?

바로 그 때, 대학이라는 우상이 우리 마음속에서 우리도 모르는 사이에 우리의 영혼과 육체를 갉아먹는 것입니다.

대학 입학은 우리 모두가 소원하는 큰 목표임에 분명합니다.

열심히 공부하고, 최선의 노력을 기울여, 모두가 목표하는 대학에 합격하기를 소원합니다.

그러나 그것이 우리의 최종 목표는 아닙니다.

하나님보다 더 우선이 되는 목표는 더더욱 아닙니다.

사탄이 만들어 놓은 대학이라는 함정에 빠지면 안 됩니다.

대학에는 뭐하러 가나

대학입시를 준비하는 고등학생들에게 대학에는 왜 가느냐고 물어 보면, 참으로 가슴 답답한 대답을 들을 때가 한두 번이 아닙니다.

"좋은 대학에 들어가야 좋은 직장에 취직이 된대요."

"대학을 나오지 않으면 사람 대접을 못 받잖아요."

"부모님이 꼭 가야 한다고 하니까 할 수 없이 공부해요."

어느 대학에 가려 하느냐고 물어 보면, 그 대답은 더욱 한심

합니다.

"내가 가고 싶다고 그 대학에 갈 수 있나요. 수능시험 성적 나오는 것 보아서 적당히 맞추어 가야지요."

이러한 학생들은 대학 진학도 어렵지만, 설사 대학에 간다 하여도 걱정입니다.

기독학생들은 대학에 왜 가야 하는지에 대해 분명한 자기 답변을 할 수 있어야 합니다.

이것은 근본적으로 '우리가 인생의 목표를 어디에 두어야 하는가.' 하는 문제와 직접적으로 연관되어 있습니다.

대한예수교장로회 헌법 제3부 요리문답에서는 '사람의 제일 되는 목적은 무엇입니까?'라는 첫째 질문에, '사람의 제일 되는 목적은 하나님을 영화롭게 하고, 영원토록 그를 즐거워하는 것입니다.'라고 답하고 있습니다.

성경은 우리에게 "먹든지 마시든지 무엇을 하든지 다 하나님의 영광을 위하여 하라"(고전 10:31)고 하면서, "우리가 살아도 주를 위하여 살고 죽어도 주를 위하여 죽나니 그러므로 사나 죽으나 우리가 주의 것이로라"(롬 14:8)고 가르쳐 주고 있습니다.

여러분의 인생의 목표는 무엇입니까?

여러분이 대학에 진학하는 것이 하나님의 영광을 위한 것이라고 생각해 본 적이 있습니까?

여러분이 어느 대학에 진학하고 어떤 학과를 전공하고 어떠한 직업인이 되든, 그 모든 것이 여러분이 있는 삶의 자리에서 하나님의 영광을 드러내고 하나님을 기쁘시게 하기 위한 것이라는 사실을 기억하기 바랍니다.

진로 선택의 중요성

대학을 왜 가야 하는지에 대한 분명한 자기 주관과 이유가 있어야 하는 것 못지않게, 어떤 학과를 전공하고 어떠한 진로를 택해야 하는가도 매우 중요한 일입니다.

나에게 가장 적합한 일이 무엇이며 어떠한 진로로 나아갈지에 대해 분명한 대답이 있는 사람은, 그렇지 못한 사람과 달리 반드시 성공할 것이며 인생을 풍요롭게 향유할 것입니다.

진로에 대해 분명한 대답을 준비하지 못한 채 수능 점수에 따라 적당히 대학과 전공을 택하였다가 후회하는 사람이 한두 명이 아닙니다. 어떤 여론조사 결과에 의하면, 대학생 중 60% 이상이 전공을 잘못 선택하여 다른 학과로 바꾸기를 희망하고 있다고 합니다.

자신의 진로는 자신이 분명하게 정해야 합니다. 그러나 과연 어떻게 진로를 택하여야 하는지, 이를 전혀 가르치지 못하고 있는 것이 오늘날 우리나라 교육의 솔직한 현실입니다. 그나마 진로 결정을 위해 자신이 어떤 분야에 적성이 있는지 검사(적성검사)를 해 보는 사람은 좀 나은 편이라 할 수 있습니다.

진로 선택을 위해서, 우리는 먼저 개인적 요인, 환경적 요인, 직업적 요인에 대한 객관적인 정보와 이해를 토대로 합리적인 의사 결정 과정을 거쳐야 합니다.

개인적인 요인으로, 적성, 흥미, 성격, 학습 능력의 정도, 신체적 조건 등 자신에 대한 이해가 전제되어야 합니다.

이를 위해, 인성검사나 적성검사 등을 통해 객관적으로 확인해 보는 것도 좋은 방법입니다. 그러나 그러한 검사 결과를 맹신하는 것은 좋지 않습니다.

내가 회사에 근무할 때의 일입니다. 인사부에서 직원인사 업무를 담당하고 있을 때 한 신입사원을 경리부로 배치하려 했더니, 그는 자신을 꼭 업무부로 보내 달라고 하였습니다.

당시 업무부는 회사의 대외적인 교섭 업무 및 대관청 업무를 담당하는 부서로서, 매우 활달하고도 사교적인 사람이 담당해야 할 곳이었습니다. 그런데 그 사원은 상당히 내성적이고도 꼼

꼼한 성격이었기 때문에, 결국 본인의 희망과는 어긋나지만 경리부서로 인사발령을 냈습니다. 당시 그 사원은 자신의 발령에 대하여 매우 아쉬워하고 불평도 많았습니다.

그러나 몇 년 후, 그는 자신이 경리부로 배속된 것이 참 잘된 일이었다며, 그 때 만일 업무부로 발령을 받았으면 제대로 감당하지 못하였을 것이라고 고백하였습니다. 이와 같이 자신의 성격과 적성이 어떠한지를 정확히 파악하는 것이 가장 중요합니다.

다음으로는, 환경적 요인입니다.

부모의 직업과 교육 수준, 자녀에 대한 기대의 정도, 가정의 사회·경제적 지위 등은 결코 무시할 수 없는 요인입니다.

아버지가 목회자인 경우, 대부분 자식 중 하나라도 아버지의 뒤를 이어 목회자가 되기를 바라는 것은 인지상정입니다.

반대로 비록 초등학교도 못 나와 시골에서 농사짓는 농부라 할지라도, 자식은 대학에 가서 고시에 합격하여 판사와 검사가 되기를 바라는 부모도 많습니다. 자신이 원하지 않는 길을 부모의 강요에 못 이겨 할 수 없이 갈 수는 없습니다. 그러나 우리를 가장 잘 알고 있는 사람은 바로 우리의 부모님입니다.

부모님은 우리들이 자라 온 모든 과정을 눈여겨 본 분들이므로, 우리가 어떤 사람이 되고 어떠한 진로를 택해야 할지에 대해 가장 정확한 정보를 가지고 있다고 할 수 있습니다. 그렇기 때문에 부모님의 의견도 진로를 선택하는 데 영향을 주는 큰 요인입니다.

우리가 진로를 선택할 때는 직업적 요인도 고려해야 합니다.

선생님이 되기를 원하는 사람은 사범대학이나 교육대학에 진학해야 할 것이고, 의사가 되고 싶으면 의과대학에, 법관이 되고 싶으면 법과대학에 진학해야 하는 것은 두말할 나위도 없는 일입니다. 따라서 직업에 대해 구체적으로 이해하고, 직업세계의 변화에 대한 정보, 장래성 등을 잘 살펴보아야 합니다.

이러한 모든 요인을 잘 감안하여 부모님, 선생님과 함께 어떠한 진로를 택해야 할지 결정해야 합니다.

나는 이 책을 읽는 여러분들이 진로 선택을 하는 데에 있어서, 꼭 두 가지를 강조하고 싶습니다.

첫 번째는, 하나님께서 여러분 한 사람 한 사람을 기억하시고 장래를 인도하신다는 믿음입니다.

하나님께서는 우리 한 사람 한 사람을 사랑하시며, 우리의 인생을 책임져 주고 계십니다. 성경은 "너의 행사를 여호와께 맡기라. 그리하면 너의 경영하는 것이 이루리라"(잠 16:3), "사람이 마음으로 자기의 길을 계획할지라도 그 걸음을 인도하는 자는 여호와시니라"(잠 16:9)고 기록하고 있습니다.

여러분의 진로를 주님에게 묻고, 그에 대한 응답 듣기를 소원하십시오. 주님이 여러분의 앞길을 책임져 주실 것입니다.

두 번째는, 자신이 일하면서 가장 즐거워할 수 있는 일, 자신의 삶을 돌이켜 보았을 때 가장 큰 성취감을 느낄 수 있었던 일, 그것이 바로 여러분의 적성과 재능에 맞는 분야이며 가야 할 길입니다.

어떤 목사님에게 이렇게 여쭈어 본 적이 있습니다.

"목사님! 일주일 동안 주일 오전예배 설교, 저녁예배 설교, 수요예배 설교, 금요심야기도회 설교, 매일 새벽예배 설교에 심방설교까지 10번이 넘는 설교를 준비하시기 힘들지 않으세요?"

이에 그 목사님이 이렇게 대답하였습니다.

"저는 설교하는 일이 제일 즐겁습니다. 사랑하는 양들에게 내가 묵상하면서 깨달은 하늘의 신령한 지혜와 은혜를 전하는 일만큼 저를 흥분시키고 기쁨을 주는 일이 없습니다. 제가 설교하는 일 외에 그 뭣을 잘할 수 있겠습니까?"

그 목사님은 세상의 어느 누구보다도 자신에게 적합한 길을 가고 있는 행복한 사람임에 틀림없습니다. 얼마 전에는 현직 P 변호사가 가수로 데뷔하고, 그 친구 변호사가 매니저 일을 한다고 하여 뉴스에까지 보도되는 등 화제가 된 일이 있었습니다. 변호사가 변호사 일이나 잘 하지 웬 노래냐고 할는지 모르지만 그는 정말 행복해 보였습니다. 자기가 하고 싶은 일을 하기 때문입니다.

2. 주일을 꼭 성수하라

참다운 주일 성수

하나님께서 이스라엘 백성에게 주신 제1과 제2계명이 우상숭배를 금지한 것이라면, 제4계명은 안식일을 기억하여 거룩히 지키라는 것입니다.

> "안식일을 기억하여 거룩히 지키라. 엿새 동안은 힘써 네 모든 일을 행할 것이나 제 칠일은 너의 하나님 여호와의 안식일인즉 너나 네 아들이나 네 딸이나 네 남종이나 네 여종이나 네 육축이나 네 문 안에 유하는 객이라도 아무 일도 하지 말라. 이는 엿새 동안에 나 여호와가 하늘과 땅과 바다와 그 가운데 모든 것을 만들고 제 칠일에 쉬었음이라. 그러므로 나 여호와가 안식일을 복되게 하여 그 날을 거룩하게 하였느니라."(출 20:8~11)

하나님께로부터 공부하는 지혜를 얻기 원합니까? 그렇다면 신앙생활의 최소한은 지켜야 합니다. 신앙생활에 더 이상 물러날 수 없는 최후의 보루가 있다면, 그것은 주일 성수입니다.

일주일에 한 번 하나님께 예배하지도 못하면서 하나님을 잘 믿을 수 있다는 말은 거짓이요, 사탄의 속삭임입니다.

주일예배에 한두 번 빠지다 보면 왜 그렇게 주일마다 무슨 일이 생기는지 모르겠습니다. 주일에는 그 어떤 것도, 하나님께 예배하는 일보다 우선시될 수 없습니다.

그런데 주일 성수라 해서 반드시 예배만 하고 다른 어떠한 일, 공부도 하지 말아야 한다고 율법적으로 강요해서는 안 됩니다.

오히려 주일 성수의 참된 의미는, 엿새 동안 힘써 자신의 모든 일을 행하는 데 있습니다. 공부(일)해야 할 엿새 동안 빈둥거리다가, 주일이니까 또 공부(일)하지 않고 쉬어야 한다는 것은 어불성설입니다.

엿새 동안 정말 최선을 다하여 공부(일)하고 나면, 주일에는 공부하고 싶어도 더 이상 공부할 수 없는 지경에까지 이릅니다.

그러면 충분히 늦잠을 자고 일어나서, 주일 예배에 참석하여 주님을 만나고 주님의 말씀을 듣고 찬양을 함으로써 영적 에너지를 재충전합니다. 그리고 친구들을 만나 수다(?)도 떨고 사랑의 교제를 나눈 후, 온 식구가 모여 맛있는 식사라도 하고 나면, 영적으로 육적으로 새 힘을 얻습니다.

하나님께서 원하시는 주일 성수는 바로 이런 것이라고 믿습니다. 주일을 성수하는 것은 신앙의 마지막 보루입니다.

이것이 무너지면 신앙도 무너집니다. 신앙이 무너지면 하늘의 지혜는 원천적으로 단절됩니다.

일주일의 첫날을 먼저 하나님께 드리기를 바랍니다.

잘 쉬어야 공부도 잘한다

2차대전 당시 영국에서 실제로 있었던 일입니다.

독일과의 전쟁이 더욱 가속되자, 영국 정부는 전쟁 물자를 계속 조달하기 위하여 매일 10시간 이상씩 노동자를 혹사시켰습니다. 일주일에 70시간까지, 휴일도 없이 노동자들을 계속 일하게 하였습니다.

그렇게 되자 노동생산성이 급격히 하락하고, 불량품이 속출하였으며, 산업재해 사고가 빈발하였습니다.

영국 정부는 뒤늦게 문제의 심각성을 깨달아 노동 시간을 일주일에 48시간으로 한정하고, 일주일에 하루는 반드시 쉬게 하였습니다. 그리 하였더니 오히려 생산량이 15%나 증가하고, 불량품이 감소하였으며, 산업재해 사고도 대폭 줄어들었습니다.

이것은 휴식이 얼마나 중요한지를 단적으로 보여주는 사례입니다.

그런데 사람들은, 무조건 아무 일도 하지 않고 쉬는 것이 휴식이라고 잘못 생각하는 경향이 있습니다.

물론 정신적·육체적 피로는 우선 쉬어야 회복됩니다.

그러나 휴식은, 재생산을 위한 진정한 쉼이 되어야 합니다.

영어의 휴식에 해당하는 단어들을 살펴보면 'rest', 'refresh', 'recreation' 등으로, 새로운 활력, 새로운 생산을 위한 휴식의 의미를 잘 나타내고 있습니다.

쉬더라도 적극적으로 쉬어야 합니다.

우리나라도 자동차 1천만 대 보유 기록을 돌파하여, 평균적으로 한 가구당 한 대의 자동차를 보유하게 되었습니다. 주말만 되면, 도심을 빠져 나와 산으로 바다로 가려는 차량들이 늘어납니다. 그리하여 주말마다 모든 간선도로는 주차장을 방불케 하며 교통 혼잡을 빚고 있습니다.

사람들은 왜 그 끔찍한 교통 체증을 무릅쓰며 도심을 떠나려고 할까요? 새로운 한 주를 준비하기 위하여, 몸과 마음이 쉬고 싶기 때문입니다.

그렇다면 크리스천의 휴식은 어떠해야 할까요?

크리스천의 참된 휴식은, 먼저 예배의 회복에서 찾아야 합니다.

우리의 예배가 습관적이거나 상투적이지 않고 매주일 기막힌 예배가 되어 하나님을 만나고 하나님의 사랑과 은혜를 체험한다면, 우리의 영혼과 육체가 소성함을 맛볼 것입니다.

다윗은 사울 왕의 죽음의 위협에 심신이 극도로 피곤하였지만, 하나님을 찬양히고는 새 힘을 얻었습니다.

> "여호와는 나의 반석이시요, 나의 요새시요, 나를 건지시는 자시요, 나의 하나님이시요, 나의 피할 바위시요, 나의 방패시요, 나의 구원의 뿔이시요, 나의 산성이시로다."(시 18:2)

> "오직 여호와를 앙망하는 자는 새 힘을 얻으리니 독수리의 날개치며 올라감 같을 것이요, 달음박질하여도 곤비치 아니하겠고, 걸어가도 피곤치 아니하리로다."(사 40:31)

날마다 새 힘을 얻어 열심히 공부하기를 원하고 있습니까? 그 비결은 하나님을 앙망하는 데 있습니다.

3. 하루의 일과를 주님과 만나는 것으로 시작하라

솔로몬의 기도

인류 역사상 가장 지혜로운 사람이 누구냐고 물어 보면, 많은 사람들이 주저 없이 솔로몬 왕을 꼽습니다.

두 여인이 솔로몬 왕에게 나아와, 한 아기를 두고 서로 자기 아들이라고 우겼습니다. 그 때 솔로몬 왕은 "아기를 둘로 나누어 반반씩 나누어 주라."고 명령합니다. 이에 한 여인은, 자기 아들이 죽는 것 보다는 차라리 살아서 남에게 가는 것이 낫다고 여겼습니다. 그래서 그는 왕에게 "내 주여, 산 아들을 저에게 주시고, 아무쪼록 죽이지 마옵소서."라고 간청하였습니다.

그러나 다른 여인은 "내 것도 되게 말고, 네 것도 되게 말고, 나누게 하라."고 고집하였습니다.

이렇게 하여서 두 여인 중 누가 아기의 진짜 어미인지를 분별해 낸 솔로몬의 지혜로운 판결 사례는 너무나 잘 알려진 이야기입니다(왕상 3:16~28).

그래서 '솔로몬' 하면 지혜의 왕으로 칭송하는 것입니다.

우리는 이 지혜의 왕에게서, 그가 어떻게 이러한 지혜를 얻게 되었는지 알아볼 필요가 있습니다.

솔로몬이 지혜를 얻게 된 과정은 열왕기상 3장 3절에서 15절까지에 잘 기록되어 있습니다.

"솔로몬이 여호와를 사랑하고 그 부친 다윗의 법도를 행하되 오히려 산당에서 제사하며 분향하더라. 이에 왕이 제사하러 기브온으로 가니 거기는 산당이 큼이라.

솔로몬이 그 단에 일천 번제를 드렸더니 기브온에서 밤에 여호와께서 솔로몬의 꿈에 나타나시니라. 하나님이 이르시되, 내가 네게 무엇을 줄꼬. 너는 구하라.

솔로몬이 가로되, 주의 종 내 아비 다윗이 성실과 공의와 정직한 마음으로 주와 함께 주의 앞에서 행하므로 주께서 저에게 큰 은혜를 베푸셨고 주께서 또 저를 위하여 이 큰 은혜를 예비하시고 오늘날과 같이 저의 위에 앉을 아들을 저에게 주셨나이다.

나의 하나님 여호와여, 주께서 종으로 종의 아비 다윗을 대신하여 왕이 되게 하셨사오나 종은 작은 아이라 출입할 줄을 알지 못하고 주의 빼신 백성 가운데 있나이다.

저희는 큰 백성이라 수효가 많아서 셀 수도 없고 기록할 수도 없사오니 누가 주의 이 많은 백성을 재판할 수 있사오리이까. 지혜로운 마음을 종에게 주사 주의 백성을 재판하여 선악을 분별하게 하옵소서.

솔로몬이 이것을 구하매, 그 말씀을 주의 마음에 맞은지라. 이에 하나님이 저에게 이르시되, 네가 이것을 구하도다. 자기를 위하여 수도 구하지 아니하며 부도 구하지 아니하며 자기의 원수의 생명 멸하기도 구하지 아니하고 오직 송사를 듣고 분별하는 지혜를 구하였은즉 내가 네 말대로 하여 네게 지혜롭고 총명한 마음을 주노니 너의 전에도 너와 같은 자가 없었거니와 너의 후에도 너와 같은 자가 일어남이 없으리라.

내가 또 너의 구하지 아니한 부와 영광도 네게 주노니 네 평생에 열왕 중에 너와 같은 자가 없을 것이라. 네가 만일 네 아비 다윗의 행함같이 내 길로 행하며 내 법도와 명령을 지키면 내가 또 네 날을 길게 하리라. 솔로몬이 깨어 보니 꿈이더라."

솔로몬이 지혜를 얻게 된 첫 번째 비결은, 그가 하나님께 지혜를 구하였다는 것입니다.

솔로몬은 여호와를 경외하는 것이 지식의 근본(잠 1:7)임을 일찍이 알았습니다. 자신은 나이가 어리고 경험이 부족할 뿐만 아니라 왕으로서 어떻게 처신하여야 하는지 잘 모른다는 사실을, 하나님께 겸손하게 숨김없이 고백하고 지혜 주시기를 구하였습니다.

예수님의 형제였던 야고보는 히브리 열두 지파에게 편지하면서, 시험을 이기기 위하여 먼저 "너희 중에 누구든지 지혜가 부족하거든 모든 사람에게 후히 주시고 꾸짖지 아니하시는 하나님께 구하라. 그리하면 주시리라"(약 1:5)고 권면하고 있습니다.

공부하는 지혜를 얻기 원합니까? 지혜의 근본이신 하나님께 구하십시오.

솔로몬이 지혜를 얻게 된 두 번째 비결은, 지혜를 구하는 근본 목적이 하나님 마음에 들었기 때문입니다.

성경은 이를 '솔로몬이 이것을 구하매 그 말씀이 주의 마음에 맞은지라.'고 기록하고 있습니다. 솔로몬이 하나님께 지혜를 구한 근본 목적은, 분쟁을 잘 분별하여 문제를 해결함으로써 하나님의 나라를 바르게 다스리는 데 있었습니다. 그리하였더니 하나님께서는, 그가 구하였던 지혜는 물론, 구하지 아니한 부귀와 영광도 더하여 주셨습니다. 이것이 하나님의 법칙입니다. 예수님도 말씀하셨습니다.

"너희는 먼저 그의 나라와 그의 의를 구하라. 그리하면 이 모든 것을 너희에게 더하시니라"(마 6:33).

여러분이 열심히 공부하는 목적과 좋은 대학에 진학하려는 목적이 하나님의 뜻을 이루는 데 있다면, 하나님께서는 여러분의 기도를 들어 주실 것입니다.

솔로몬이 지혜를 얻게 된 세 번째 비결은, 그의 성실함에 있었습니다.

솔로몬은 산당에서 하나님께 일천 번제를 드릴 만큼, 신실하고 성실한 사람이었습니다. 또한 그는, 그 아비 다윗 왕도 하나님 앞에서 성실히 행하여 하나님의 은혜를 받았다고 고백하고 있습니다. 마찬가지로 성실하게 공부하는 사람만이 공부하는 지혜를 깨닫습니다.

여러분 모두 솔로몬같이 지혜를 구하는 사람이 되기를 원합니다. 지혜를 구하되, 그 구하는 목적이 자신의 유익만을 위한 것이 아니라, 하나님 마음에 부합되는 목적이 되기를 원합니다.

그리고 성실히 공부하기를 바랍니다. 그러면 지혜로운 사람이 될 것입니다.

주님과 동행하는 비결

하나님께로부터 지혜 얻기를 원한다면, 최소한 주일 성수를 해야 함은 앞에서 기술한 바와 같습니다. 그러나 최소한의 노력만으로 많은 지혜를 얻기 원한다면, 조금 지나친 욕심(?)이 아닐까요.

지혜의 근본은 하나님을 경외하는 데 있으며, 예수님 자신이 지혜의 근원이므로, 지혜 얻기를 원하는 사람은 무엇보다도 주님과 동행하여야 합니다. 내 안에 주님을 모시고, 내가 주 안에, 주가 내 안에 사는 삶이 되어야 합니다. 그러면 우리는 어떻게 날마다 주님과 동행하며 살 수 있을까요? 그것은 적은 시간일지라도 매일 아침 먼저 성경 말씀과 기도를 통하여 주님과 만나는 것입니다.

매일 새벽기도회에 나갈 수 있다면 가장 좋겠으나, 이를 강요할 수는 없습니다. 통상 밤늦게까지 공부하고 다시 새벽에 일어나 새벽기도회에 가기는 정말 힘든 일이니까요.

나는 사법시험을 준비하면서 이렇게 생활하였습니다.

아침 7시 30분 기상,
9시 등교,
9시 30분까지 성경 3~5장 묵상 및 기도,

9시 30분부터 저녁 10시 30분까지 공부,

11시 귀가,

12시 취침.

나는 유달리 잠이 많아, 수면을 충분히 취하였습니다.

그런데 적어도 이것만은 권면하고 싶습니다.

최소한 학교에 10분 먼저 등교하여(물론 아침에 10분 먼저 등교한다는 것이 얼마나 실천하기 힘든 일인지 잘 알고 있지만), 성경 한 장을 꼭 읽고 하나님께 기도함으로 하루의 일과를 시작하라는 것입니다.

그리하면 날마다 주님과 동행하는 비결을 깨달을 것입니다.

예수님을 따르던 제자들은 3년 여 동안 열심히 예수님을 좇아다니면서 많은 가르침을 받았습니다. 그러나 제자들은 예수님이 십자가에 못 박혀 돌아가실 때까지도 그 가르침의 본 뜻을 잘 이해하지 못하였습니다.

그리고 예수님이 돌아가시자, 모든 것이 실패하였다고 생각하고는 뿔뿔이 흩어졌습니다. 그러나 그들은 예수님의 부활 승천 후 성령을 받으면서 예수님의 가르침을 깨우쳤습니다.

회개의 영을 받으면 전에 전혀 생각하지도 못하였던 사소한

죄까지 생각나 회개하지 않을 수 없다는 간증을, 우리는 쉽게 듣습니다.

매일 말씀 묵상과 기도를 통하여 주님과 동행하면, 우리는 언제나 성령 충만한 삶을 살 수 있고, 성령의 보호와 인도를 체험할 것입니다.

대전고등학교와 서울대학교 의과대학을 수석으로 졸업하고 의사 국가고시에 수석으로 합격한 후, 현재 미국 디트로이트에서 암 전문의로 활동하는 원종수 권사의 간증집 「너는 내 것이라」에 이런 이야기가 나옵니다.

원종수 권사는 대전의 명문인 대전고등학교를 다녔는데, 고등학교 2학년 때까지만 해도 성적이 480명 중 350등 정도였다고 합니다. 어느 날 아침조회 후, 담임 선생님에 의해 교무실로 불려 가서는 이런 말을 들었습니다.

"홀어머니만 계신 외아들인데, 너 어떻게 하려고 그러니…."

원종수 권사는 선생님의 말씀을 듣고 마음이 아파서 많은 생각을 하던 중 이렇게 결심하였다고 합니다.

'내가 이 세상에 살고 있지만 하나님께서 특별히 사랑하는 사람인데, 이렇게 선생님에게 불려 다니면서 350등짜리라고 낙인이 찍혀서야 되겠는가. 다음에는 공부 잘해서 칭찬받으러 교무실

에 드나들어야지. 적어도 10등 안에 들어야 하나님께 영광이지.'

이후로 학교에 갔다 오면, 그 날 공부한 것을 두세 번씩 읽으며 복습하고, 노트 정리도 새로이 하고, 다음 날 배울 것을 예습도 하였답니다. 전에는 세 번씩 책을 읽어도 머리에 잡히는 것이 하나도 없었는데, 공부가 그렇게 재미있을 수가 없더랍니다. 책상 앞에 앉으면 다른 생각나는 것도 없어지고, 오로지 공부 잘해서 하나님께 영광 돌리자는 생각뿐이었다고 합니다. 다른 아이들이 놀러 다닐 때도 열심히 공부만 하였다고 합니다.

그리 하였더니 하나님께서 지혜를 주시는데, 시험지를 보자마자 눈을 딱 감으니까 머리 속에 책이나 노트가 떠올라 답이 눈에 모두 보이더랍니다. 마침내 원종수 권사는 한 학기 중에 전교생 480명 중 5등으로 성적이 올랐고, 그 여세를 몰아 대전고등학교를 수석으로 졸업하였습니다.

우리는 원종수 권사의 간증에서도, 솔로몬의 기도에서 배웠던 비결을 다시 한 번 확인할 수 있습니다.

첫째, 그는 하나님께 지혜를 구하였습니다.

둘째, 그는 하나님의 영광을 위하여 지혜를 구하였습니다.

셋째, 그는 성실히 노력한 사람이었습니다.

또 원종수 권사는 서울대학교 의과대학을 수석으로 졸업하게 된 공부 비결을 다음과 같이 말하고 있습니다.

"의학 책을 보기 전에 내 마음을 툭툭 치는 것이 있었다. 내가 이 세상의 공부를 하기 전에 먼저 하나님 말씀을 봐야지 하는 마음이었다. 그래서 구약을 한 장 읽고 신약을 한 장 읽고서 하나님 앞에 기도하였다. 공부에 대해서 나는 최선을 다하였다. 책을 많이 읽었으나, 공부하기 전에 먼저 찬송하고 신약과 구약을 읽고 그리고 세상 공부를 열심히 하였다. 그랬더니, 낙제만 면하려는 마음이었는데 수석으로 졸업하게 되었다."

슬럼프 탈출의 비결-기도

무엇을 하든지 어느 일정 수준에 이르면 실력 향상이 멈춥니다. 거기에서부터 좀처럼 나아가지 못하는 침체의 늪을 벗어나기 힘들 때가 있는데, 이것을 슬럼프라고 합니다. 특히 운동선수들에게 슬럼프는 치명적입니다.

물론 공부에도 슬럼프가 있음을 무시해서는 안 됩니다. 아무리 공부를 열심히 하려고 해도 막상 책상 앞에 앉으면 잡념만 생기고, 집중은 안 되고, 진도도 나가지 않는 경험을 누구나 하였을 것입니다. 이러한 슬럼프를 어떻게 벗어날 수 있을까요?

첫 번째 방법은 가벼운 파격 또는 탈출에 있습니다.

공부가 안 될 때는 친구와 수다를 심하게 떤다든지, 목욕을 한다든지, 또는 산책을 하거나 가벼운 운동을 하는 것도 좋습니다. 시간이 허락된다면, 단 하루라도 기차를 타고 훌쩍 여행을 떠나는 것도 나쁘지는 않습니다. 이것은 결코 시간의 낭비가 아닙니다.

그러나 여기에는 반드시 절제가 있어야 합니다. 기분 전환한다고 여행을 떠났다가 아예 공부를 포기해 버린다면, 더 깊은 슬럼프에 빠지는 것이 된다는 사실은 두말할 필요가 없으니까요.

두 번째 방법은 방법이나 환경을 바꾸는 것입니다.

일본 프로야구에서 홈런으로 명성을 날린 왕정치라는 선수가 있었습니다. 그는 '외다리 타법' 으로 유명한 선수였습니다.

왕정치도 한때 큰 슬럼프에 빠진 일이 있었습니다. 홈런을 때리려고 방망이를 힘껏 휘둘렀지만, 스트라이크 아웃 당하기 일쑤였습니다.

아무리 열심히 연습하여도 시합에 나가면 번번이 실패하자, 그는 슬럼프에 빠졌습니다. 그러던 중 그는 그만의 타격폼을 개발하였습니다. 그것은 공을 때리는 순간 바깥쪽 발을 살짝 들었다가 무게 중심을 이동하며 타격을 하는 소위 '외다리 타법' 이었습니다. 그러자 그는 지금까지의 슬럼프에서 벗어나, 거짓말처럼 날마다 장쾌한 홈런을 터트렸습니다.

여기서 우리는 슬럼프 극복의 중요한 단서를 발견합니다.

그것은 기존의 방법을 바꾸어 보는 것입니다. 슬럼프에 빠지면, 기존의 공부 방법으로는 더 이상의 향상을 기대하기 어려우니 새로운 방법을 모색해 보라는 신호라고 생각하는 것입니다.

그래서 공부하는 장소를 바꾸어 본다든가, 혼자 공부하던 방법을 바꾸어 여럿이 함께 공부해 본다든가, 복습 중심의 공부에서 예습 중심으로 바꾸어 본다든가 하면, 의외로 쉽게 슬럼프를 극복할 수 있습니다. 물론 방법과 환경을 바꾸어 열심히 노력하여야 하겠지요.

세 번째 방법은 기도입니다.

앞의 두 가지 방법은 나의 노력과 나의 방법으로 슬럼프를 이기려는 것입니다.

그러나 우리의 노력으로 결코 극복할 수 없는 슬럼프가 있습니다. 아무리 노력해 보아도 나의 힘으로는 어쩔 수 없는 슬럼프에 직면하였을 때, 결코 실망하거나 두려워하지 않기를 바랍니다.

주님이 도와주시기 때문입니다. 하나님께서는 우리에게 필요한 모든 것을 채워 주시되 풍족히 채워 주시고, 우리의 기도 들어 주시기를 기뻐하십니다.

도저히 슬럼프에서 벗어날 수가 없습니까? 그래도 기도는 할 수 있습니다. 기도할 수 있는데 무엇이 걱정입니까?

내가 고시 공부를 할 때에도 영락없이 슬럼프에 빠진 일이 있었습니다. 아침 9시 30분부터 저녁 10시 30분까지 식사 시간을 제외하고 꼬박 11시간을 책상 앞에 앉아 공부하였지만, 진도가 겨우 30쪽도 나가지 않았습니다. 가슴은 답답하고, 공부는 제대로 안 되고, 도저히 안 되겠다 싶은데, 다음 날은 마침 수요일 저녁이기에 일찌감치 책가방을 싸 가지고 교회에 나가 엎드렸습니다. 기도도 제대로 나오지 않았습니다. 그러나 하나님께서는 나의 마음을 너무나 잘 알고 계셨습니다.

그 다음 날, 기적 같은 일이 생겼습니다. 똑같은 시간을 공부하였지만, 그 날은 단 하루 만에 교과서의 반을 공부할 수 있었습니다. 이렇듯 본인의 기도는 중요합니다.

그런데 더더욱 기억할 것은, 주변 사람들의 중보기도도 중요하다는 것입니다.

부모님의 기도가 가장 필요하지만, 교회의 교역자나 기도의 능력이 있는 성도들에게도 기도 부탁을 서슴지 마십시오.

기도의 권능은 체험해 본 사람만이 압니다.

4. 자신에게 가장 잘 어울리는 학습 계획을 세우고 이를 탄력적으로 실천하라

제갈공명을 아시나요?

공부를 열심히 한다고는 하는데 실패하는 가장 큰 이유 중의 하나는, 너무나 계획성 없이 무작정 공부하는 데에 있습니다.

삼국지를 읽다 보면 조조, 유비, 손권의 패권 쟁탈 이야기도 재미있지만, 독자들에게 가장 큰 인상을 주는 사람은 오히려 제갈공명이 아닐까 합니다.

그는 군대의 수적 열세, 군수장비의 부족, 객관적 전력 약화에도 불구하고 승승장구합니다.

그의 승리의 비결은 무엇일까요?

그는 천지의 기후 변화를 예측하고, 지형 및 환경뿐 아니라 적군의 심리까지도 잘 분석하여 가장 적합한 작전 계획을 수립, 승리를 이끌어 내는 사람입니다.

공부를 잘하려면 제일 먼저, 실천할 수 있는 계획을 구체적으로 세워야 합니다. 그리고 그 계획을 실천하는 것이 중요합니다.

 이 책의 첫머리에서 말했던 학습생산성이 개념을 다시 한 번 생각해 보는 것이 좋겠습니다.

 공부를 잘한다는 것은 학습 능률이 높다는 것인데,

$$학습생산성 = \frac{공부의\ 산출량}{공부의\ 투입량}$$ 입니다.

 그렇다면 '공부의 산출량=학습생산성×공부의 투입량'이 되니까, 공부의 산출량을 증가시키는 방법은 공부의 투입량을 늘리든지 학습생산성을 높이면 됩니다. 그러나 공부의 투입량을 무작정 늘릴 수는 없습니다.

 하루는 24시간으로 제한되어 있고, 아침부터 저녁까지 학교 수업과 보충 수업을 마치고 돌아오면, 아무리 수면 시간을 줄인다 해도 공부의 투입량을 늘리는 일은 한계가 있기 때문입니다.

 그러나 학습생산성을 높이면, 공부의 투입량이 똑같더라도 그 산출량은 엄청나게 증가합니다.

 여기에서 바로 공부 잘하는 사람과 잘 못하는 사람이 구별됩니다. 공부하는 법을 아는 사람과 그렇지 않은 사람이 구별된다는 것입니다.

어린이들에게 위인전을 읽어 줄 때면 흔히 이런 이야기를 봅니다. '그는 어려서부터 하나를 들으면 열을 깨우쳤다.' 고.

그 위인의 학습생산성은 '10'이라 할 수 있을 것입니다.

여러분의 학습생산성을 높이는 첩경이, 바로 학습 계획을 잘 세우고 최대한 효율적으로 요령 있게 공부하는 것입니다.

학습 계획을 잘 세우는 방법

학습 계획을 세우기 전에 명심해야 할 것이 하나 있습니다.

그것은 실현 가능성도 없이 지나치게 욕심 낸 계획은 무용지물이라는 것입니다. 또 너무 손쉬운 목표를 위한 계획은 무의미하다는 것입니다.

사람에 따라 다르기는 하지만, 일반적으로 자기 능력의 80%에서 90%이상을 활용할 수 있는 계획이 가장 이상적이라고 할 수 있습니다.

학습 계획을 잘 세우기 위해서는, 먼저 목표가 분명하게 설정되어야 합니다. 본인의 능력, 희망, 실현 가능성 등의 여러 가지 사정을 잘 감안하여 적절한 목표를 설정하는 것이 무엇보다 중요합니다.

심리학자들이 다음과 같은 실험을 하였습니다.

실험 대상자들을 두 그룹으로 나누어, 사람들이 추운 겨울날 0℃의 차가운 물에서 얼마나 견딜 수 있는지에 대해 측정해 보았습니다.

먼저 A 그룹에 속한 사람들에게는, 본인들이 참을 수 있는 데까지 최대한 참았다가 더 이상 견디기 어려울 때 물에서 나오라고 하였습니다. 그리 하였더니 대부분의 사람들이 3~4분도 채 견디지 못하고, 모두 그 차가운 물에서 뛰쳐나왔습니다.

반면 B 그룹의 사람들에게는 10분이라는 목표를 설정해 놓고, 똑같이 차가운 물에 들어가게 하였습니다.

그리고 1분이 지날 때마다 "9분 남았습니다...8분 남았습니다...1분 남았습니다." 하면서 남은 시간을 알려 주었더니, 놀랍게도 인내력이 부족한 몇 사람을 제외하고는 대부분 10분을 견디어 냈습니다.

이는 무엇을 말해 주는 것인가요? 바로 목표가 분명한 사람과 그렇지 못한 사람의 차이를 단적으로 말해 주고 있는 것입니다.

자신의 학습 진도, 성취 정도, 학교 교과과정 등과 기타 여러 가지 사정을 감안하여 적절한 목표를 세우는 것이 중요합니다.

그런데 적절한 목표를 세우기 위해서는 먼저 정확한 정보를 수집해야 합니다.

자신이 공부하는 습관, 공부할 수 있는 시간과 장소, 공부하는 교재의 난이도, 자신의 장점과 약점 등에 대한 객관적인 상황 분석이 정확하게 이루어져야 바른 계획을 세울 수 있습니다.

자신을 냉철하게 볼 수 있어야 합니다. 스스로 냉철하게 분석하기 어려운 경우에는 부모님이나 선생님의 도움을 받는 것도 좋습니다. 목표가 설정되고 제반 상황이 분석되면, 자신에게 가장 잘 어울리는 학습 계획을 수립합니다. 학습 계획을 세우면서 가장 주의할 일은 실현 가능성 없이 지나치게 욕심 낸 계획, 지나치게 세분화한 계획은 쓸모가 없다는 것입니다.

또한 학습 계획은 장기 계획, 중기 계획, 단기 계획을 세워야 하는데, 단기 계획은 가능한 한 상세하게, 장기 계획은 개괄적으로 수립해야 합니다.

보통 단기 계획은 일주일 단위로, 중기 계획은 한 달 또는 분기 별로, 장기 계획은 학기별 또는 연도별로 세우는 것이 보통입니다. 그러나 아무리 좋은 학습 계획을 세워도 이를 실천하지 않으면 아무 소용이 없음은 말할 필요조차 없습니다.

계획한 대로 실천하기 위하여 노력하되, 계획에 너무 얽매이지 말고 스스로 잘 조정하면서, 이를 탄력적으로 실천해 가는 것이 무엇보다도 중요합니다.

계획을 잘못 세워 놓고서 그 계획대로 실천한다고 영어 수업 시간에 수학 문제집 펼쳐 놓고 수학 시간에는 국사 책 펴 놓는 사람이 있다면, 아예 계획을 세우지 않으니만 못합니다.

지나친 욕심을 버리고 적절한 계획을 세워 봅시다.

일주일만이라도 실천하여 성취감을 맛보면 공부하는 재미와 보람도 생기고, 공부하는 습관도 붙게 됩니다.

학습 계획에 있어 빠뜨리지 말아야 할 것은, 학습 계획과 그 실천 결과를 스스로 평가하고 점검하여 다시 적절하게 수정하는 것입니다.

100미터를 달리는 육상 선수가 훈련하는 과정을 상상해 봅시다. 만일 그 선수가 자신이 100미터를 몇 초에 달리는지 그 기록을 측정해 보지도 않고 무작정 반복해서 뛰기만 한다면 기록이 향상되겠습니까?

스타트하는 방법과 주법을 바꿀 때마다 기록을 측정하여야 합니다. 그리고 그 결과를 분석하면서, 가장 빠른 방법을 찾아내야 합니다.

마찬가지로 공부한 결과를 기록하고 그 결과를 점검한 후 다시 학습 계획을 수정해 나가다 보면 자신에게 가장 잘 어울리는 학습 계획을 세울 수 있게 됩니다.

이 과정을 'feed back' 이라고 합니다.

나는 고시 공부를 하면서 다음과 같은 표로 매일 매일의 공부 결과를 점검하였는데, 참고가 되리라 생각합니다. 각자가 적절한 표를 만들어 실천해 보기를 권면합니다.

년 월 일
오늘의 목표 :
오전 : ○ 3hrs □□ 과목 □□ 페이지 내용:
오후 : △ 3hrs □□ 과목 □□ 페이지
저녁 : ○ 3hrs □□ 과목 □□ 페이지
반성 및 다짐 : 오후에 집중력이 떨어지고 산만하였음.

〈비고〉 ○ : 공부 결과에 만족 △ : 보통 × : 불만족

5. 책상 앞에 10시간 앉아 있는 것보다 1시간이라도 집중해서 공부하는 것이 낫다

학습생산성의 차이는 곧 집중력의 차이

대부분의 학생들이 공부하는 시간의 절반 이상을 허비하고 있다고 해도 과언이 아닙니다. 책상 앞에 앉아 있기는 하지만 공부하기 위한 준비, 예컨대 책을 찾고 노트를 준비하고 연필을 찾으며 아무렇게나 놓인 참고서를 정리하다가, 시간을 물 흘려 보내듯 허비하고 맙니다.

또 정작 공부를 시작한 후에도 주의가 산만합니다. 조금 공부하다 말고 괜히 부엌에 나가 냉장고에서 물 한 잔 따라 먹고 오기도 하고, 자꾸 잡념이 들어 헛된 고생을 하기도 하며, 거실에서 들려오는 TV 소리에 신경이 쓰이기도 합니다.

책상 앞에 10시간 앉아 20쪽을 공부하는 방법과 3시간 앉아 60쪽을 공부하는 방법이 있다면, 여러분은 어느 쪽을 택하겠습니까?

1939년 영국에서 개최된 피아노 경연대회에서 있었던 일입니다. 당시 촉망받던 두 사람이 역시 예상대로 1등과 2등을 차지하였습니다. 기자가 2등을 한 수상자에게, 얼마나 연습을 많이 하였길래 그렇게 피아노를 잘 칠 수 있느냐고 물었습니다. 그랬더니 그는 상기된 표정으로, 하루에 10시간 이상을 매일 연습하였다고 자랑스럽게 대답하였습니다.

기자가 이번에는 영예의 1등 수상자에게 같은 질문을 하였습니다. '2등이 매일 10시간 이상씩 연습하였다 하니, 1등은 도대체 얼마나 많이 연습했을까?' 하고 혼자 생각하면서 말입니다.

그런데 1등 수상자는 뜻밖에도 하루에 2~3시간 정도만 집중하여 연습하였다고 하였습니다.

여러분은 어떻게 생각합니까?

1등 수상자는 비록 매일 2~3시간밖에 연습하지 않았지만, 10시간 이상 연습한 사람보다 더 많이 하였다고 할 수 있습니다. 연습의 양뿐 아니라 질과 내용까지 감안하여 판단할 때 그렇다는 말입니다.

집중력 있게 공부할 수 있으려면, 우선 매일 일정한 시간에 일정한 분량 이상의 공부를 하는 규칙적인 습관을 갖는 것이 중요합니다.

평소에는 공부하지 않다가, 시험에 임박해서 책상 앞에 앉아 봐야 공부가 안 되는 것은 당연합니다. 매일 규칙적으로 꾸준히 지속해 가면 여러분의 생활은 기쁨과 자신감으로 가득 찰 것이며, 집중력 있는 공부를 할 수 있을 것입니다.

특히 주의할 것은, 매일 일정한 시간에 정확히 공부를 시작하는 것입니다. 10분 늦게 시작한 공부가 전체 공부 시간을 망쳐 놓을지도 모릅니다.

그리고 가능한 한 일정한 공부 장소를 마련해 놓고 매일 같은 장소에서 공부하는 것이 좋습니다. 공부하는 환경이 바뀌면 그만큼 적응하는 데 시간이 걸려서 집중도가 떨어집니다.

공부하는 시간도 가능한 한 일정하게 유지하는 것이 좋습니다.

한 마디로 요약하면, 일정하게 공부하는 습관을 길러야 집중력 있게 공부할 수 있다는 것입니다.

또한 집중해서 공부하는 데에는 환경이 매우 중요합니다. 매일 부부싸움 하는 가정에서 자녀들이 공부에만 전념하기를 기대할 수는 없습니다. 부모님들은 거실에서 주말연속극을 보며 박장대소하면서 자녀들에게 아무리 공부하라고 소리쳐 봐야 공부가 잘 될 리 없는 것입니다.

학생이 공부에만 집중할 수 있도록 모든 가족들의 협조와 사랑이 필요합니다. 가정의 평화와 화목이 필요합니다. 무엇보다도 부모들의 기도가 필요합니다.

공부는 율동감 있게 해야 집중력도 향상되고 능률도 오릅니다.

우리는 축구, 농구 등 운동 경기에서, 노련한 게임 리더가 공격과 수비의 완급을 잘 조절하여 속공과 지공을 적절히 구사하는 것을 봅니다.

공부도 마찬가지로 학습 능률에 기복이 있습니다. 이를 도표로 표시해 보면 다음과 같습니다.

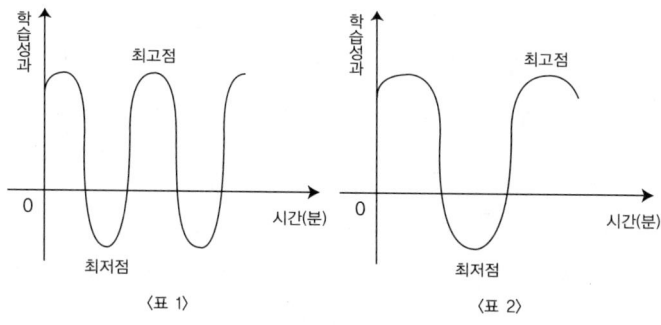

〈표2〉와 같은 공부 리듬을 가지고 있는 사람은 〈표1〉과 같은 공부 리듬을 가지고 있는 사람보다 집중할 수 있는 시간이 길다고 할 수 있습니다. 이렇게 1회에 집중할 수 있는 시간은 사람마다 차이가 크므로 일률적으로 이야기할 수는 없고, 규칙적인 공부를 계속 하다보면 자기 리듬에 맞게 집중력 있는 공부를 할

수 있게 됩니다.

학습 능률이 떨어지면, 5분에서 10분 동안 가볍게 움직여 보거나 눈을 감고 쉬어 보거나 하는 등으로 기분 전환을 하고 나서 다시 공부에 몰입하는 습관을 길러 보기 바랍니다.

잡념을 어떻게 극복하나

공부의 어려움을 호소하는 많은 학생들에게서 공부에 집중하고는 싶은데 잡념 때문에 힘들다는 이야기를 많이 듣습니다. 공부를 하다 보면 잘 되는 날도 있고 그렇지 못한 날도 있게 마련입니다. 특히 어려운 문제에 봉착하여 문제가 잘 안 풀리든가 또는 취약 과목을 공부하다가 이해가 안 되면, 문득 엉뚱한 생각이 떠오르곤 합니다. 그러면 그 생각에 빠져 공상의 나래를 펴다가 시간을 허비합니다. 그리고는 공부가 안 된다고 한탄하는 경우가 많습니다.

여기서 우리가 한 가지 주의할 것은 잡념이 없는 사람은 한 사람도 없다는 것입니다. 누구나 이런저런 생각을 하면서 공부합니다.

거실에서 TV를 볼 때에도 우리는 TV만 보지는 않습니다. 우리 눈에는 TV 뒤에 걸려 있는 액자도 보이고, 거실 귀퉁이에 놓여 있는 화분도 보입니다. 단지 그런 것에는 별로 신경 쓰지 않고 TV에만 주의를 기울이고 있는 것입니다.

다시 말해 잡념이 많아서 공부가 안 되는 것이 아니라, 공부가 안되니까 잠시 떠오르는 잡념을 물고 늘어진다는 것입니다.

방에 걸려 있는 벽시계는 하루 종일 일정하게 째깍째깍 소리를 내며 돌아가고 있습니다. 잠이 오지 않아 잠자리에서 뒤척이다 보면 그 시계 바늘 소리가 얼마나 크게 들리는지, 마치 그 소리 때문에 잠들지 못하는 것처럼 짜증을 냈던 경험이 있을 것입니다.

시계 바늘 소리는 어제나 오늘이나 낮이나 밤이나 일정하게 들려오고 있는데 유독 늦은 밤 잠이 오지 않을 때 크게 들리는 것과 마찬가지로, 잡념은 공부가 잘 되지 않을 때 우리를 더 괴롭힙니다.

잡념이 전혀 없이 몰두하였을 때 공부할 수 있는 양을 100이라고 하고, 잡념이 많아서 제대로 몰두하지 못하였을 때를 50이라고 가정해 봅시다. 그렇다고 50만큼의 공부를 미리 포기하겠습니까? 잡념이 있는 상태에서 그대로 공부해도 적어도 50은 공부할 수 있습니다. 이렇게 잡념을 무시하고 그대로 공부해 나가면서 집중하다 보면, 60, 70, 마침내 100까지 도달할 수 있을 것입니다. 잡념을 극복하고 공부에 집중할 수 있는 실천적인 방안 몇 가지를 소개합니다.

첫째, 자신이 가장 잘하는 과목으로 바꾸어 보는 것입니다. 잡념은 앞에서 설명한 것처럼, 공부가 잘 안 될 때 상습적으로 찾아오는 것이므로, 이럴 때는 자신이 좋아하는 과목이나 잘하는 과목으로 바꾸어 공부하다 보면 잡념이 물러나고 공부에 몰두할 수 있습니다.

둘째, 책을 그냥 읽지 않고 필기구를 가지고 노트에 중요 내용을 정리해 보거나 연습장에 쓰면서 공부하다 보면, 잡념이 없어지기도 합니다.

셋째, 잡념은 혼자 공부할 때 잘 다가오므로, 잡념 때문에 공부에 지장이 많은 사람은 그룹 공부나 친구와 함께 공부하는 방법을 시도해 보는 것도 좋습니다.

여러분은 지금 배가 매우 고픈데, 밥그릇에 밥이 반밖에 담겨져 있지 않다고 밥 먹기를 포기하겠습니까? 아마도 그럴 사람은 한 사람도 없을 것입니다. 마찬가지로, 잡념이 있다고 공부를 아예 안할 수는 없습니다. 잡념을 없애 버리려고 하면 할수록 오히려 더 그것에 빠져 들게 바련입니다. 공부에 몰두하다 보면, 잡념은 저절로 없어질 것입니다.

잘못된 편견

〈4당 5락〉

언제부터인가 수험생들 사이에서 고정관념처럼 이야기되고 있는 4당 5락(四當五落)이라는 말이 있습니다.

이는 '4시간만 자고 공부하면 대학 시험에 합격하고, 5시간 자고 공부하면 떨어진다.' 는 통속어입니다. 왜 이런 이야기에 강박관념을 가지게 될까요?

흔히들 잠자는 시간을 줄여 가며 공부하는 것이 열심히 공부하는 것이라고 잘못 생각하고 있기 때문이 아닐까 합니다.

그러나 이것은 실제 공부한 양보다 공부한 시간이 많아, 감정상으로 만족을 줄 수 있을 뿐입니다. 오히려 수면 시간이 부족하면 집중력과 사고력, 기억력이 크게 떨어져, 자연히 학습 능률도 크게 내려갑니다.

앞에서 이미 설명한 바와 같이,

'공부의 산출량 = 학습생산성 × 공부의 투입량' 입니다.

잠을 줄여 공부의 투입량을 10% 정도 늘려도 집중력, 사고력, 기억력이 대폭 떨어져 학습생산성이 20% 감소된다면, 전체적인 공부의 산출량을 볼 때 오히려 손해인 것입니다.

그렇다면 결론은 간단합니다. 수면 시간을 얼마만큼 줄여야 할까요? 학습생산성(학습능률)이 떨어지지 않는 한도 내에서 줄여야 합니다.

대뇌생리학자들은, 청소년 시절에는 사람에 따라 다르지만, 보통 6시간에서 8시간은 자야 한다고 합니다. 그러나 수면을 충분히 취한다고 지나치게 많이 자면 오히려 두뇌 활동이 둔해져 좋지 않다고 합니다.

〈속독법〉

요즈음 성경 세미나에서는 성경 66권을 단 이삼일 만에 독파한다는 속독법이 대 유행이라고 합니다.

속독법의 장점은 같은 시간 내에 많은 양의 정보를 수용할 수 있다는 데에 있습니다.

그러나 속독법은, 내용을 잘 파악함이 없이 무조건 빨리 읽고 내용을 단편적으로 기억하게 된다는 데 근본적인 문제가 있다고 생각합니다.

물론 책을 빨리 읽을 수 있는 능력은 공부하는 데에 매우 중요한 것임에는 틀림없습니다. 나의 경우, 고시 공부를 시작한 후 보통 3~4년 소요될 것을 1년 반 만에 끝내고 합격할 수 있었던 비결도, 다른 수험생보다 세 배 가까이 책을 빨리 읽을 수 있도록 하나님께서 은혜를 주셨기 때문입니다.

책을 주의 깊게 읽으면서 빨리 읽는 것은 물론 좋은 일입니다. 그러나 따로 속독법을 배우기 위해 시간과 노력을 별도로 기울일 필요는 없다고 생각합니다.

〈음악 청취〉

수험생을 둔 많은 부모들은, 자녀들이 음악을 틀어 놓고 공부하는 것을 도저히 이해하지 못하겠다고 하소연합니다. 그러나 음악을 잘 이용하면 오히려 좋은 효과를 기대할 수 있습니다.

젖소가 건강한 우유를 생산하도록 클래식 음악을 틀어 주는 목장도 있고, 식물 재배에 좋은 음악을 활용하여 효과를 보았다는 이야기도 들은 일이 있습니다. 사람의 기분을 가라앉히고 차분하게 해 줄 수 있는 조용하고 느린 템포의 배경 음악은 공부의 효과를 높일 수 있습니다.

하지만 여기서 잘못하면, 음악이 공부에 대단한 장애물이 될 수 있음도 간과해서는 안 됩니다. 비트가 강한 하드록이나 재즈 같은 격렬한 음악은 공부에 방해가 됩니다. 또 소곤소곤 이야기하여 내용이 들릴 듯 말 듯한 심야 라디오 방송도 집중력을 분산시키므로 좋지 않습니다.

특히 많은 학생들이 헤드폰을 귀에 직접 꽂고 듣는 휴대용 카세트를 애용하는데, 그것은 대뇌에 직접 영향을 주므로 절대 금

물입니다. 나도 자주 음악을 들으면서 공부합니다. 대개 잔잔한 복음성가와 찬송가 연주를 들음으로써, 집중하는 데 도움을 얻습니다.

음악을 틀어 놓고 공부를 시작하는데, 공부에 몰입하고 난 후에는 전혀 음악 소리를 듣지 못합니다. 그러다가 집중력이 떨어지면 다시 음악 소리가 들리기 시작하는데, 집중할 수 있는 시간은 50분에서 90분 정도입니다.

〈기초 부족〉

성적이 좋지 않은 학생들은 대부분이, 기초가 부족하기 때문에 아무리 공부해도 성적이 오르지 않는다고 합니다. 물론 모든 일이 그렇듯이 공부도 기초가 중요한 것은 사실입니다.

그러나 기초가 부족하다고 반드시 공부를 못하는 것은 아닙니다. 오히려 성적이 오르지 않는 이유는 의지와 인내력이 부족하기 때문이라고 할 수 있습니다.

대부분 기초가 부족하다는 생각이 들면 지금 학교에서 공부하고 있는 진도와는 상관없이 무조건 처음부터 공부하려고 합니다.

그러나 그런 식으로 공부하다 보면 능률도 오르지 않고 학교 진도에서도 계속 뒤떨어져, 금방 의욕을 잃고 포기해 버리게 됩니다. 공부라는 것이 반드시 앞에 배운 내용을 다 알아야 다음 것을 할 수 있는 것은 아니라는 사실을 인식할 필요가 있습니다.

비유를 들자면, 공부는 높은 빌딩을 짓는 것처럼 기초가 완벽하게 구축이 되어야 차곡차곡 쌓아 올라갈 수 있는 것이 아니라, 오히려 넓은 대지 위에 여러 채의 단층 건물을 짓는 것과 같습니다.

기초가 부족하더라도 일단 학교 진도에 맞춰서 공부하되, 중간에 이해가 되지 않는 부분이 나오면 선생님이나 친구들에게 도움을 청하거나 그 부분이 다뤄진 책을 찾아 보는 것이 좋습니다.

그리고 영어와 수학처럼 기초가 중시되는 과목은 방학 기간을 이용하여 보충하는 것이 좋습니다.

6. 지식을 체계화하라

오합지졸 백만보다 일만 정병이 낫다

공부를 많이 하기는 하였는데 막상 시험장에서 문제를 풀다 보면 알쏭달쏭하여 꼭 함정에 빠지고 마는 사람들이 있습니다.

특히 시험을 며칠 앞두고 벼락치기로 공부하여 시험장에서 혼동되기만 했던 경험이 누구에게나 있었을 것입니다.

전쟁터에서는 오합지졸의 백만 군인보다 잘 훈련된 일만 정병이 더 필요한 것처럼, 정리되거나 체계화하지 않은 지식은 무용지물입니다. 단편적인 암기 위주의 학습 방식은 더 이상 발붙일 곳이 없어졌습니다. 컴퓨터의 비약적인 발달로 인해, 계산기로 1년이 걸릴 분량도 10분도 안 되어 마칠 수 있게 되었습니다.

그러나 이러한 컴퓨터도 입력 자료가 각 파일 및 디렉토리별로 잘 정리되어 있어야 기능을 발휘할 수 있는 것처럼, 정리되지 아니한 지식, 체계화하지 않은 지식은 쓸모가 없습니다.

지식을 체계화할 때의 첫 번째 원칙은, 기본적인 지식에 점차로 살을 붙여 간다는 것입니다. 그러므로 교과서니 참고서의 목차는 중요한 단서를 제공해 줍니다.

만일 여러분이 어떤 책을 읽기 시작할 때 무조건 본문의 첫 페이지 첫 단어부터 읽어 나가기 시작하였다면, 지금이라도 책 앞머리로 돌아가 목차를 한 번 읽어 보고 다시 본문을 읽기 바랍니다.

예를 들어, 어떤 사람이 서울에서 순창까지 차를 운전하여 가려고 한다고 해 봅시다. 현명한 운전자라면, 우선 어느 고속도로를 이용하는 것이 좋은지 최적의 도로를 지도를 보고 선택하고, 적절한 운행 계획을 세운 후, 순창을 찾아갈 것입니다.

그런데 만약 운전자가 무조건 고속도로에 진입하여, 표지판이 나오는 대로 우왕좌왕 헤매다가, 닥치는 대로 차를 몰아 여행을 한다고 생각해 보십시오!

뜻밖에도 많은 학생들이 이처럼 무조건 닥치는 대로 공부하고 있음을 볼 때 안타깝기만 합니다.

책의 제목, 목차, 색인, 서문 등에 유의하면서 책을 읽어 내려가면, 그 책의 전체적인 뼈대를 파악할 수 있습니다.

내가 운전면허 시험을 치르면서 경험하였던 일입니다.

운전면허 필기 시험에 원서를 접수시키고서도, 부모님이 병원에 입원하시는 바람에 공부를 전혀 하지 못한 채 시험 전날을 맞이하였습니다. 다음 날이 당장 시험인데, 문제집을 한 번도 보지 않고 시험을 치를 수는 없는 노릇이었습니다. 그래서 문제집을 보기 시작했는데, 하루에 그 분량을 모두 다 읽고 정리한다는 것은 도저히 불가능해 보였습니다.

하는 수 없이, 운전면허 필기시험은 70점만 넘으면 합격이므로 80점을 목표로 하고서, 어려운 문제는 대부분 놔두고 기본적이고 쉬운 문제만 공부하기 시작하였습니다.

워낙 시간이 모자라 공부해야 할 양의 3분의 2정도만 공부하고 시험에 임하였는데, 뜻밖에도 98점으로 수석의 영예(?)를 차지하여 당시 수험생들에게서 박수를 한 몸에 받았습니다.

실제로 어렵고 힘든 문제는 몇 문제 출제되지 않았던 것입니다.

욕심을 내지 말고, 기본적인 것만이라도 마치기를 바랍니다.

지식을 체계화하는 데에 두 번째 원칙은, 전체를 보고 부분을 보아야 한다는 것입니다. 예로부터 우리의 선현들은 숲은 보되 그 안에 있는 나무는 보지 못하는 경솔함을 꾸짖으며, 아울러 나무만 보고 숲을 보지 못하는 잘못도 지적하였습니다.

공부를 할 때도, 전체적인 구성은 모른 채 부분에 매달려 단편적으로 외우고 문제를 푼다면 실력이 향상되기 어렵습니다.

지식을 체계화할 때의 세 번째 원칙은, 횡적 체계화와 종적 체계화를 함께 하는 것입니다.

시골에서 처음 서울에 올라온 사람이 세종로에 있는 정부종합청사를 찾아가게 되었다고 가정해 봅시다. 그는 서울역에서 내려 지하철 1호선을 타고 시청역에서 하차한 후 북쪽으로 나와 걸어가는 길을 알고 있었습니다. 그런데 만약에 이 사람이 강남고속버스터미널에 내리게 되었다면, 그는 정부종합청사를 제대로 찾아갈 수 있을까요?

강남고속버스터미널 지하철역에서 3호선을 타고 종로3가역에서 1호선으로 갈아 타는 방법도 있을 수 있고, 또 강남고속버스터미널에서 광화문까지 운행하는 직행버스를 탈 수도 있을 것입니다. 서울역에서 지하철 1호선을 타고 정부종합청사로 가는 길을 알고 있다고 해서 그 사람이 늘 정부종합청사를 잘 찾아갈 수 있다고 할 수 있겠습니까?

서울역에서 내리든, 강남고속버스터미널에서 내리든, 서울의 어느 곳에서 내리든, 찾아갈 수 있는 길을 다 파악해야 정부종합청사로 가는 길을 진정으로 잘 알고 있다고 할 수 있을 것입니다.

마찬가지로, 여러분의 지식이 횡적으로, 종적으로 체계화하지 아니하면, 아직 완전한 지식이라고 할 수 없습니다.

밑줄을 잘 긋자

공부를 잘하는 학생인지 아닌지는 교과서 한 권만 살펴보아도 금방 파악할 수 있습니다. 공부를 잘하는 학생의 교과서를 보면, 중요한 부분과 그렇지 않은 부분을 잘 분별하여 중요한 부분에만 밑줄이 그어져 있는 것을 발견할 수 있습니다.

공부를 잘 못하는 학생은 기본서 한 권도 제대로 공부하지 않고서, 옆에 있는 친구가 보고 있는 참고서가 더 좋아 보이기도 하고 왠지 그 책을 보지 않으면 마음이 불안해지는 것 같아 비싼 돈을 들여 그 책을 삽니다. 하지만 끝내는 어느 하나의 책도 제대로 보지 못하고 우왕좌왕하다가 실패하고 맙니다.

먼저 기본서 한 권이라도 완벽하게 정복하겠다고 마음먹고, 책에 지나친 욕심을 내지 않기로 결심하기를 부탁합니다.

한 권의 책을 다 떼지 않은 상태에서 새로운 책을 공부해 봐야 능률이 오르지 않습니다. 그보다는 기본서를 한 권 정해 여러 번 반복하는 것이 훨씬 능률적입니다.

같은 책을 반복해서 읽다 보면, 전체적인 윤곽이 금방 잡히고, 공부해야 할 내용과 방향을 쉽게 파악할 수 있습니다.

그리고 나서 다른 책을 선택해, 기본서에 없는 내용이나 다르게 설명된 부분을 따로 정리하거나 기본서에 써 넣어 보충하면 완전한 자신의 지식이 되는 것입니다.

그러므로 기본서를 70% 이상 소화한 다음에야 다른 책을 보는 것이 좋습니다. 그렇다고 기본서 외에 다른 책을 보지 말라는 이야기는 아닙니다. 먼저 기본서로 공부의 뼈대를 정립한 후 다른 책으로 살을 붙여 가라는 말입니다.

또 하나 간곡히 부탁하고 싶은 것은, 책을 처음부터 끝까지 하나도 빠짐없이 공부하려는 태도를 버리라는 것입니다.

공부를 열심히 하는데 성적이 잘 오르지 않는 학생들은, 불필요한 공부에 너무 시간을 낭비한다는 데에서 그 이유를 찾아볼 수 있습니다.

여러분은 신문을 어떻게 보고 있습니까? 1면부터 24면까지 한 자도 빠짐없이 신문을 읽는 사람은 한 사람도 없을 것입니다. 주로 중요 기사, 관심 있는 기사를 추려서 봅니다.

공부도 마찬가지입니다. 책을 읽으면서 중요한 부분과 그렇지 않은 부분을 분별하여, 중요한 부분은 정독하고 그렇지 않은 부분은 가볍게 속독할 필요가 있습니다.

여기서 중요한 것과 중요하지 않은 부분을 구별할 수 있는 통찰력도 하나님께서 주시는 지혜입니다.

중요한 부분에 밑줄을 그어 가면서 공부하면, 여러 가지 효율적인 장점이 있습니다. 그것은 먼저 공부를 반복하면 할수록 공부할 양이 줄어든다는 것이고, 따라서 공부하는 시간도 대폭 절

약된다는 것입니다. 그리고 같은 책을 반복하여 읽어도, 밑줄을 잘 그어 놓으면 능동적이고 적극적으로 공부하게 됩니다.

지금은 국회의원으로 활동하고 있지만 전에는 유명한 학원 강사였던 어떤 선생님이 "밑줄 좍…" 하면서 강의하던 모습이 생각납니다.

다만 밑줄을 중요한 곳에 잘 그어야 하는데, 엉뚱한 곳에 그으면 득보다 오히려 실이 많을 수 있기 때문입니다.

그래서 책을 처음 읽을 때에는 될 수 있으면 연필을 사용하여 밑줄을 긋는 것이 좋습니다. 처음에는 이것도 중요한 것 같고 저것도 중요한 것 같아 밑줄 긋는 곳이 많이 있을 수 있습니다.

그러나 책을 두 번째 보면서, 불필요한 부분은 지우개를 사용하여 지워 갈 수 있습니다. 그리고 나서 다시 책을 읽을 때, 정말 중요한 곳에는 볼펜으로 확실히 밑줄을 긋거나 형광펜 또는 색연필 등을 사용하여 표시를 하면 되는 것입니다.

밑줄을 잘 긋는 데에도 훈련이 필요합니다. 처음에는 잘 되지 않지만 꾸준히 연습하다 보면 숙달됩니다.

밑줄을 잘 그어 놓으면 무엇보다 시험 준비에 크게 활용할 수 있습니다. 나는 시험 직전에 1천 6백 쪽이나 되는 교과서를 단 두 시간 만에 일독할 수 있었습니다. 그것은 모두 다 평소에 밑줄을 잘 그어 놓은 덕분이었습니다.

체계적인 노트 정리법

공부하는 학생의 교과서를 한 번 살펴보면 어느 정도 공부를 잘하는지 알 수 있는 것처럼, 노트 정리가 얼마나 잘 되었는지는 학습 성과의 척도가 되기도 합니다.

노트 정리를 체계적으로 하면 학습 능률을 향상시킬 수 있습니다. 체계적인 노트 정리를 위해 유념해야 할 몇 가지 원칙이 있는데, 그것은 다음과 같습니다.

첫째, 단순화입니다. 긴 내용을 압축해서, 가능한 한 간결한 언어로 기록하는 것이 좋습니다. 단어 하나로도 긴 내용을 요약할 수 있습니다.

둘째, 시각화입니다. 압축된 내용을 단편적으로 나열하는 것은 별 의미가 없습니다. 최초의 개념을 기억하면 다음 것이 자연스럽게 떠오를 수 있도록 연결하여 시각화하는 것이 필요합니다.

셋째, 예습과 복습이 필수적입니다. 예습을 통하여 수업 받을 내용의 개요와 주제 등을 미리 파악하면, 수업을 들으면서도 노트 정리를 일목요연하게 할 수 있습니다. 또 복습을 통하여 더욱 체계적으로 노트 정리를 할 수 있습니다.

그런데 학생들 중에는 수업 시간에 설명하는 것을 한 자도 빠짐없이 받아 적으려는 사람이 있습니다. 이런 학생은 노트 필기에 정신을 다 빼앗겨 선생님의 중요한 설명은 되레 빠뜨리는 우를 범하게 됩니다.

반대로 노트 필기는 전혀 하지 않고 선생님의 설명만 집중해서 듣는 학생도 있으나, 이 역시 결코 좋은 방법은 아닙니다.

설명만 듣다 보면 시간이 흐를수록 집중력이 떨어지고, 또 기억은 일시적이기 때문입니다.

그러므로 수업 시간에는, 노트 필기보다는 선생님의 설명을 듣는 것에 치중하되 요점 중심으로 간단히 필기하는 것이 가장 바람직하다고 할 수 있습니다.

7. 완전한 지식이 될 때까지 반복해서 학습하라

아! 아는 문제인데…

시험을 치르고 난 후 답을 맞추어 나가다가 "아! 이것은 아는 문제인데, 실수로 틀렸다."고 안타까워하는 학생들이 많이 있습니다.

그러나 미안하지만, 이는 천만의 말씀입니다. 아는 문제인데 왜 틀리겠습니까? 솔직히 말하면 불완전하게 알고 있으니까 틀린 것이지요.

운전면허 시험장에 가 보면, 의외로 합격하는 사람이 얼마 되지 않는다는 사실에 깜짝 놀라게 됩니다. 운전학원에서 한 달여나 열심히 연습하고서도, 운전면허 시험장에서는 70~80%나 되는 사람들이 불합격합니다.

그 사람들은 운전을 할 줄 아는 사람들일까요, 모르는 사람들일까요? 그들도 운전할 줄은 압니다. 다만 불완전하고 미숙한 것이지요. 그러나 한편으로 운전면허 시험에 합격하고 운전면허증을 받았다고 해서 바로 운전을 잘 하게 되는 것은 아닙니다. 시내 연수를 받고, '초보 운전' 딱지를 붙이고 몇 개월 운전을 하고 나서 어느 정도 숙달이 되면, 그제서야 운전을 할 줄 안다고 할 수 있지 않겠습니까?

공부도 마찬가지입니다. 학원에서 운전 연습을 좀 하였거나 이제 겨우 면허 시험에 합격한 정도를 가지고서 운전을 잘할 수 있다고 생각하는 어리석은 운전자처럼, 여러분은 아직 잘 알지 못하면서 이미 잘 알고 있다고 착각하고 있지는 않습니까?

결국 우리에게 필요한 것은 숙달된 지식입니다.

우선, 실수를 더 이상 실수로 내버려두지 않고 성공으로 변화시키는 방법을 알아야 하겠습니다.

첫째, 어디에서 실수하였는지를 확인해야 합니다.

예컨대, 복잡한 수학 문제의 답이 틀렸다고 하면, 정확히 어느 부분에서 실수하였는지를 찾아야 합니다. 단순히 계산상의 실수인지, 아니면 공식을 잘 몰라서 틀린 것인지, 응용력이 부족한 것인지, 그 실수의 위치를 정확히 파악해야 합니다.

둘째, 왜 그러한 실수가 있었는지, 그 원인을 분석해야 합니다.

부주의로 인한 실수였는지, 무지의 결과였는지, 개념의 혼동 때문이었는지 냉정하게 돌아보아야 합니다.

셋째, 실수의 원인을 알았으면, 그것을 바로잡아야 합니다.

단순히 부주의로 인한 것이었다면 주의력을 향상시켜야 합니다. 무지의 결과였다면 부족한 공부를 시급히 보충해야 합니다. 그리고나서 틀린 문제를 바른 답이 나올 때까지 반복하여 풀어 보아야 합니다.

넷째, 자신의 실수를 바로잡았는지 확인하기 위하여 비슷한 문제를 풀어 보며, 다시 한 번 재점검해 봅니다.

그리고 별도의 실수 노트, 오답 노트를 만들어 다시는 실수하지 않도록 해야 합니다.

이러한 과정을 거쳐서 실수를 바로잡지 않으면 같은 실수를 매번 반복하게 됩니다. 실수한 것을 그 때 바로잡지 못하여 같은 문제를 또 다시 틀렸던 경험은 아마 대부분의 학생들이 다 가지고 있을 것입니다.

숙달된 지식을 갖추고 있어서 실수하지 않는다면 얼마나 좋겠습니까. 이를 위해서는 이해와 암기라는 과정을 반복해야 합니다.

책을 공부할 때에도 1회 읽을 때에는 속독으로, 2회에는 정독으로, 3회에는 다시 속독으로, 요령 있게, 중요한 부분을 집중적으로 반복해서 읽어야 합니다. 교과서 중심으로 공부한다고 해서 교과서만 반복하는 것은 좋은 방법이 아닙니다. 교과서와 문제집을 적절하게 병행해야 합니다.

여러분이 수영을 처음 배운다고 생각해 보십시오. 육지에서 아무리 팔·다리 젓는 법을 배우고 호흡법을 연습해도, 직접 물에 들어가 실천해 보지 않으면 수영을 잘할 수 없습니다.

그러나 여러 날 동안의 실패와 시행착오를 거듭하여 최소한 25미터 규격의 수영장을 수영으로 한 번에 건너 갈 수 있을 정도로만 숙달되면, 그 후에는 따로 연습을 하지 않은 채 수년이 지나더라도 다시 할 수 있게 됩니다.

공부도 마찬가지입니다. 나는 고등학교 시절에 어느 영어 참고서를 3~4회 반복하여 공부한 적이 있습니다. 또 대학교 시절에 고등학생 과외 교습을 하면서 5~6번 반복하여 공부를 하였습니다. 그랬더니, 대학을 졸업하고 7년 후 사법시험을 준비할 때, 5개월이라는 짧은 시간 동안 8과목이나 되는 많은 양의 공부를 해야 하기 때문에 영어 공부는 거의 하지 못하였음에도, 90점에 가까운 높은 점수를 받았습니다.(합격생들의 영어 평균

점수가 70~80점밖에 안 되었습니다.)

이것은 학창 시절, 영어 참고서를 10여 회 반복하여 공부했기 때문입니다. 고등학교를 졸업한 지 20년이 훨씬 넘었지만, 그때 그 영어 참고서의 중요 내용이 지금도 기억에 생생합니다.

완전한 지식이 될 때까지 반복해서 공부하는 데에는 많은 인내심과 노력이 요구됩니다. 그러나 성실한 노력 이외에는 다른 방법이 없으니 어떡하겠습니까!

반복 횟수와 기억량을 아래와 같은 그래프로 표시할 수 있습니다. 이를 학습곡선이라고 합니다.

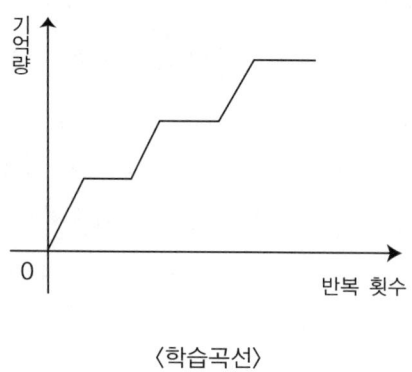

〈학습곡선〉

결국 위의 표에서 볼 수 있듯이, 학습 성과를 높이는 방법은 반복하여 암기하는 것 이외에 다른 방법이 없습니다.

기억력 증진을 위한 방안들

인간은 망각의 동물입니다. 시간이 지남에 따라, 알고 있던 지식도 잊혀져 갑니다. 이를 방지하기 위해서는 반복하여 공부하는 것 이외에 다른 방법이 없다는 것을 앞에서 이미 설명한 바 있습니다. 그러나 여기에서는, 그밖에 기억력을 증진시킬 수 있는 실제적인 방안들을 심리학적 연구결과를 토대로 몇 가지 안내하려고 합니다.

· 모든 감각기관을 활용하라

우리가 어떤 단어나 개념을 암기할 때, 소리를 내어 하거나 손으로 직접 써 가면서 하면 훨씬 효과적이라는 사실을 경험적으로 알고 있습니다. '나게'라고 하는 심리학자는 2개의 실험 그룹을 만들어 긴 문장을 암기해 보도록 하였습니다.

암기가 끝난 후 그는 A그룹은 그 자리에서 외운 것을 기억해 보게 하였고, B그룹은 방을 옮겨 전혀 다른 환경에서 기억해 보게 하였습니다. 그랬더니 물론 A그룹의 사람들이 훨씬 더 잘 기억해 내었습니다. 결국 암기는 단지 두뇌의 활동에 국한되는 것이 아니라, 우리의 눈, 귀, 입술, 손 등 몸 안에 있는 모든 감각기관이 다 반응하는 활동인 것입니다.

· 형상화하라

 심리학자 '스메드리'는 실험 결과를 통하여, 성인에게는 청각적 기억보다 시각적 기억이 훨씬 우위에 있음을 입증하였다고 합니다. 그러므로 수업 시간에 선생님의 강의에만 귀를 기울이고 필기를 하지 않는 사람보다는, 적절한 노트 필기를 통하여 시각적으로 기억에 남기는 사람이 공부를 더 잘할 수 있습니다.

 혼동되는 내용은 표를 만들어 비교하면서 공부하고, 복잡한 내용은 단락을 나누어 형상화 작업을 해 놓으면 쉽게 기억됩니다.

· 연상화하라

 기억법을 강의하거나 그 시범을 보이는 사람들이 가장 많이 활용하는 방법은 연상화입니다. 이 연상화를 가장 잘 활용한 것이 전화번호입니다. 이삿짐센터의 전화번호는 대개가 2424입니다. '이사이사'의 발음을 통하여 이사라는 단어가 연상되기 때문입니다. 마찬가지로 부동산 중개업소는 4989(사구팔구), 자동차 긴급출동 서비스는 8254(빨리오사), 애인의 호출 암호는 1004(천사) 등입니다. 극동방송의 지로번호는 1120691인데, 이를 숫자로 외우기는 어렵지만 '일일이 영육구원'이라고 외우면 금방 기억될 뿐 아니라 잊어버리지도 않습니다. 어떤 학생은 한라산의 높이 1950m를 '한 번 구경 오십시오.'라고 외웠다고 합니다.

· 중첩 현상을 피하라

서로 비슷한 것들이 모이면 혼란이 일어나 잘 기억하지 못하게 되는데, 이를 '중첩 효과'라고 합니다. 어떤 모임에 처음 참석하여 소개를 받으면, 특히 인상적인 한두 사람을 제외하고는 잘 기억하지 못하고 혼동하게 됩니다.

공부를 할 때에도 마찬가지입니다. 그러므로 같은 과목을 집중해서 계속하는 것은 그리 좋은 방법이 아닙니다. 이번 주에는 영어 공부만 하고 다음 주에는 수학 공부만 하는 식으로 공부하면, 중첩 효과로 인하여 능률이 떨어집니다. 집중할 과목을 정하되, 적절히 다른 과목도 병행하여 공부하는 것이 더 효과적입니다.

· 망신을 두려워하지 말라

나의 대학 동창 가운데 별명이 '가피'라는 친구가 있습니다.

법률 용어 중에 있는 '하자(瑕疵)'라고 하는 어려운 말을, 수업시간에 교과서를 읽다가 '가피'라고 읽는 바람에 모두가 박장대소하였는데, 그 일 이후 그 친구의 별명이 '가피'가 되었습니다. 그 친구는 평생 동안 '하자'라는 단어를 잊지 않을 것입니다.

많은 학생들이 질문하거나 답변하는 것을 겁내는데, 그것은 아마 창피 당할까봐 두려워하기 때문일 것입니다.

내가 고등학교 시절, 국사를 못하여 모의고사에서 꼴찌를 한

적이 있습니다. 담임선생님이 마침 국사 선생님이셨는데, 교무실에 불려 가 얼마나 매를 맞고 망신을 당하였는지 모릅니다.

"너는 다른 과목은 다 잘하면서 왜 국사는 꼴찌냐?"며 얼마나 야단을 치셨는지, 그 후 나는 오기가 생겨 교과서를 두 권이나 다시 사서 중요한 부분을 통째로 외웠습니다. 그랬더니 졸업할 때쯤에는 국사 과목 점수가 거의 만점에 가깝게 나왔습니다.

망신이 오히려 약이 되기도 합니다. 망신을 두려워 마십시오.

· 재생을 반복하라

예를 들어, 십계명을 외운다고 해 봅시다. 십계명을 외우기 위해 1계명부터 10계명까지 20번 정도 반복하여 읽고 나서, 얼마나 외울 수 있는지 확인해 보십시오. 아마도 이러한 방법은 효과가 별로 없을 것입니다.

그보다는, 우선 십계명을 2~3번 읽고 난 후, 몇 가지나 외울 수 있는지 꼽아 보는 것입니다. 그러면 처음에는 4~5가지 밖에 기억하지 못할 것입니다. 그리고 나서 외우지 못하였던 부분을 다시 찾아 "아하! 이것을 못 외웠었구나." 하고서 다시 한 번 외워 보면, 적어도 6~7가지는 외울 수 있을 것입니다.

이러한 방법으로 재생 훈련을 반복하면 기억력이 증진합니다.

또 기억하는 속도는 빨라지고, 망각 속도는 감소합니다.

8. 학교생활에 최우선을 두라

수석 합격자들의 이구동성

1997년 대학입시 후에는 발표되지 않았지만, 그 전 해까지만 해도 수학능력시험이나 대학입시가 끝나면, 각 대학의 수석 합격자들에 대한 인터뷰가 각 신문과 방송에 보도되는 것을 보았을 것입니다.

기자들은 매년 똑같은 질문을 합니다. "수석 합격의 비결이 무엇이냐."고.

그러면 대부분의 합격자들은 이구동성으로 대답합니다.

"학교 수업을 열심히 듣고 예습·복습을 철저히 하였다."고.

여러분은 그러한 보도를 접할 때마다 어떻게 느꼈었나요?

"설마 학교 수업만 충실히 하고 수석 합격할 수 있었을까. 보나 마나 한 달에 수백만 원씩 주는 과외를 하고서는, 방송이니까 저렇게 이야기하겠지."

혹시 이렇게 생각하지는 않았습니까?

그러나 단언하건데, 학습 능률을 극대화하는 비결은 학교 수업에 충실히 임하는 데에 있습니다. 하루 생활의 대부분이 학교에서 이루어지고 있기 때문에, 학교생활을 소홀히 하고서는 공부 잘하기를 기대할 수 없습니다.

하루 7~8시간의 수업에 불성실하고 건성으로 임하였던 학생은 따로 하루에 7~8시간을 남보다 더 공부해야 하는데, 그럴 만한 시간이 없습니다.

선생님의 강의를 한 번 듣는 것이 혼자 공부하는 것보다 적어도 세 배 이상의 효과가 있습니다. 학교 수업 8시간의 효과가, 혼자서 공부하는 경우 24시간의 공부 효과와 맞먹는다는 사실을 알게 된다면, 누구나 학교 수업을 소홀히 할 수 없을 것입니다.

그러면 왜 학교 수업이 그렇게 중요할까요?

이 책의 첫머리에서 학습 과정을 분석해 보았던 기억을 되살려 둡시다. 학습 과정은 '이해－정리－암기－응용－예상'의 단계로 나누어진다고 이미 설명한 적이 있습니다.

혼자서 공부할 때는 이해하는 데 많은 시간과 노력이 필요합니다. 그러나 선생님은 수업 시간에 이를 쉽게 설명해 줍니다.

또 혼자서 공부할 때는 어느 부분이 중요하고, 어느 부분은 그렇지 않은지 분별하기가 어렵지만, 선생님은 이를 미리 다 정리하여 알려 줍니다. 특히 시험 문제에 자주 출제되는 부분을 미리 지적하여 주기도 합니다.

그런데 뜻밖에도 수업 시간에 선생님에게 집중하지 않고 자기 혼자 다른 부분을 공부하거나 심지어 다른 과목을 공부하는 학생이 많이 있습니다. 그 학생들에게 왜 그러느냐고 물어 보면, 다름대로 그 이유가 충분히 있습니다.

"선생님의 설명은 이미 다 알고 있는 내용인데, 뭣하러 또 들어요?"
"학원에서 예습을 통하여 다 배운 것인데, 뭣하러 시간 낭비해요?"
"선생님이 실력이 없어서 들을 필요가 없어요."
"선생님 설명 듣는 것보다 차라리 자습서를 보는 게 더 효율적이에요."
"별로 중요하지 않은 과목인데, 그 시간에 영어나 수학 문제집 푸는 것이 득점에 더 유리해요."

그러나 선생님의 수업이 별로 도움이 안 된다고 섣부르게 판단하여 혼자 공부하다 보면, 정작 중요한 부분을 놓치기 십상입니다.

비록 불필요하다고 느껴지는 장황한 설명일지라도, 그 모든 것이 기억의 매개체가 됨을 기억해야 합니다.

그렇기에 혼자 공부하면 기억력도 그만큼 감퇴하게 마련입니다.
내가 고시 공부를 하면서 가정 어려워하였던 과목이 민사소송법이었습니다. 민사소송법은 민사재판 절차에 관한 법인데, 실제로 민사재판이 어떻게 신행되는지도 모르면서 무조건 혼자 민사소송법 책을 펴 놓고 공부를 하자니 보통 어려운 일이 아니었습니다. 책을 읽기는 하되 제대로 이해조차 안 되니, 공부를 하기는 하되 성과는 미미할 수밖에 없었습니다.

그래서 모교 법대생들의 민사소송법 강의 시간에 몰래 들어가 강의를 들었습니다. 교수님에게 양해도 구하지 않고 몰래 강의를 듣는다는 것이 죄송한 일이기는 하였지만, 나중에 밝혀지더라도 사실대로 이야기하면 용서해 주시리라 생각하고, 열심히 강의를 들었습니다.

그랬더니 그 어려운 과목이 술술 풀어지고 이해가 되기 시작하는 데, 아마도 혼자서 공부하던 것보다 몇 배의 학습 능률을 더 올리지 않았나 생각합니다.

여러분들의 실력은 학교 수업시간에 모두 쌓인다고 해도 과언이 아닙니다. 그런데 학교 수업의 능률을 극대화하는 데에는, 모두 다 잘 알고 있는 이야기이지만, 예습과 복습이 필수적입니다.

그러나 예습을 너무 완벽하게 할 필요가 없습니다. 오히려 다 알고 있는 내용일 경우, 수업을 소홀히 할 염려가 있기 때문입니다.

그저 중요 내용을 한 번 훑어보고, 어떤 내용을 배우게 될 것인지나 알아본다는 가벼운 기분으로 예습한다면, 마음의 부담도 덜할 것입니다.

반면, 복습은 그 때 그 때 잘 정리해 놓을 필요가 있습니다. 수업을 들을 때는 다 아는 것 같았는데, 막상 혼자 공부하다 보면 그렇지 못할 때가 있기 때문입니다.

예습, 복습을 철저히 해야 한다는 당연한 이야기를 오래 할 필요는 없을 것 같습니다.

친구와 선생님을 최대한 활용하라

학교생활에 충실하려면 선생님, 친구들과 관계가 좋아야 합니다. 어떤 선생님이 싫어지면 그 선생님이 담당하고 있는 과목까지 싫어지고, 또 어떤 선생님을 좋아하면 그 선생님이 담당하는 과목까지 좋아지는 경험을 누구나 갖고 있을 것입니다.

특히 어떤 선생님이 자기를 조금 더 예뻐해 주거나 관심을 표시해 주면, 그 선생님에게 잘 보이기 위해 더 열심히 공부하던 경험도 한두 번 이상은 있을 것입니다.

그러므로 선생님을 사랑하게 되기 바랍니다.

선생님이 주도하는 공부는 1:1의 관계에서가 아니라 1:50 정도의 관계에서 하는 것인 만큼, 효율적인 수업을 위해서 몇 가지 유념할 것을 지적하고 싶습니다.

첫째, 수업 시작 전에 수업을 받을 만만의 준비를 갖추고 있다는 사실을 선생님에게 보여 드리면, 선생님도 신이 나서 열의를 가지고 수업에 임할 것입니다. 선생님이 수업하러 들어오셨는데 칠판이 깨끗하게 지워져 있지 않고 전 시간 수업 내용이 그대로 남아 있다거나, 교탁이 한쪽으로 밀려나 있다거나 하면, 좋은 수업 분위기 조성은 애초에 어긋난 일입니다.

둘째, 선생님에게 인사를 잘 하는 것입니다. 수업을 시작할 때 모두가 경쾌하게 "안녕하세요?" 하고 인사하고 나서 똘망똘망한 눈초리로 선생님에게 주목한다면, 아마 모든 선생님들이 열변(?)을 토하지 않을 수 없을 것입니다.

또 수업이 끝난 후에는 정말 감사하고 존경하는 진심을 담아 인사한다면, 선생님의 다음 번 수업은 더욱 더 충실해지게 마련입니다.

셋째, 수업 시간은 선생님과 학생들의 협응(協應)이 있어야 합니다. 선생님이 아무리 열심히 강의하여도 학생들의 반응이 신통치 않으면, 그 수업은 이미 절반은 실패하고 있는 것입니다.

선생님이 질문을 하면 적극적으로 대답하여 수업 분위기에 활기가 넘쳐야 합니다.

학교생활을 충실히 하기 위해 친구의 존재는 절대적이라 할 수 있습니다. 특히 중·고등학교 시절의 친구는 평생 동안 인생의 동반자로서 희로애락을 같이할 수도 있으므로, 풍요로운 학창 생활을 위해 좋은 친구를 사귀는 것이 참 좋습니다.

그런데 우리의 '입시 지옥' 현실이 이러한 친구 관계를 단절시키고 있어 안타깝습니다.

친구가 경쟁자가 될 때 우리의 학창 생활은 비극적이 됩니다. 심지어 공부 잘하는 학생들의 노트가 시험 때만 되면 도둑질당하는 우리의 현실은 참으로 안타깝습니다.

좋은 친구 관계를 유지하되, 선의의 경쟁을 벌일 수 있다면 얼마나 좋을까요. 선의의 경쟁은 상승효과를 가져다줍니다.

운동선수들은 선의의 경쟁자가 나타났을 때, 그 실력이 대폭 향상되어 좋은 기록을 내는 경우가 많습니다.

공부하는 방법에 있어 공부방에 혼자 틀어박혀 공부하는 것이 좋은가, 아니면 여러 친구들이 함께 있는 장소에서 공부하는 것이 더 효율적인가 하는 논쟁은 참으로 무의미한 것입니다.

공부 방법은 사람의 개성, 취미, 태도, 실력에 따라 천차만별이기 때문에, 일률적으로 어느 것이 더 효과적이라고 단언할 수 없는 것입니다. 친구들과의 관계에서 학습 능률을 올릴 수 있는 방법 하나를 소개하니 많이 활용하기를 부탁합니다.

그것은 친구들과 떠들고 노는 데만(?) 시간을 허비하지 않고, 중요한 내용을 서로 한 번씩 설명해 보는 것입니다.

혼자서 여러 번 반복하여 암기한 것보다 남에게 한 번 설명해 준 내용이 더 오래 기억되게 마련입니다.

또 친구에게 효과적으로 설명하기 위해서는 그 내용을 먼저 완벽하게 알아야 하기 때문에, 이해의 깊이가 그만큼 깊어집니다.

또 우리 교육의 치명적인 약점인 단편적인 암기 위주의 공부에서 벗어나, 자신의 생각을 표현하고 남의 의견에 귀 기울이는 토론식 공부 방법을 저절로 체득하게 됩니다.

친구를 사귀는 것은 물론 공부에 도움을 얻기 위해서만은 아닙니다. 그러나 기왕 좋은 친구를 사귀는 김에, 서로에게 도움이 되는 그런 친구를 사귈 수 있었으면 합니다.

과외는 꼭 필요한 것일까?

우리나라의 한 해 사교육 비용은, 조사 기관에 따라 차이가 크기는 하지만, 대략 연간 8조 원에서 13조 원으로 나타났습니다.

10조 원 내외의 큰 돈이 정상적인 학교 교육이 아닌 사교육비로 지출되고 있는 엄연한 현실은, 우리나라 교육의 현주소를 단적으로 보여 주는 것이라 생각합니다.

사교육비 지출을 줄여 주기 위해 TV 위성과외방송도 만들었지만 오히려 새로운 교재와 과외를 위해 비용만 더 지출되고 실효성이 없다는 비난 의견도 있는 형편입니다.

자녀들의 과외비 마련을 위해 어머니가 남의 집에 파출부로 나가거나 부업을 한다는 이야기는 어제 오늘의 이야기가 아닙니다.

그러면 과외는 꼭 필요한 것일까요?

많은 사람들이 의식적으로 인정하지 않으려고 하지만, 과외가 현실적으로 주는 유익이 있음을 부정할 수는 없습니다.

특히 이해력이 매우 뒤떨어지는 학생은, 50~60명을 상대로 평균적인 수준에 맞춘 선생님의 설명만으로는 제대로 공부할 수 없기 때문에, 과외 학습을 통해서 직접적인 지도를 받을 필요도 있습니다. 더욱이 예능 계통으로 진학을 희망하는 학생은 더욱 그 필요성을 느끼고 있는 것 같습니다. 심지어 족집게 과외로 쉽게 득점할 수도 있을 것입니다.(아마도 시험 문제를 족집게처럼 잘 끄집어낸다 하여서 붙여진 이름이라 생각됩니다.)

그런데 문제는 그 비용입니다. 적게는 매월 20~30만 원에서 크게는 200~300만 원까지 지출된다고 합니다.

스스로 공부하는 지혜를 깨달아 열심히 공부하면 지출하지 않아도 될 비용을 이렇게 지출한다는 것은, 개인적으로는 물론 국가적으로도 얼마나 큰 낭비인지 모릅니다. 그래서 심지어 과외 때문에 나라가 망한다는 '과외망국론' 까지 나왔습니다.

이러한 과외 학습과 비용의 문제는 국가적으로 해결할 큰 문제입니다. 무조건 일류 대학만을 선호하는 사회적 풍토, 기업 문화, 고용제도, 입시 위주의 교육 제도 등이 제도적인 면에서 종합적으로 개선되어야만 해결할 수 있는 문제입니다.

그러나 이 현실 속에서 우리는 어떻게 해야 할까요?

과외가 절대로 필요 없다고 강변할 수도 없지만, 그렇다고 과외를 하지 않는다 해서 불안해 할 필요는 전혀 없다고 봅니다.

9. 건강에 만전을 기하라

건강을 잃으면 모든 것을 잃는다

얼마 전, 10대들에게서 폭발적 사랑을 얻고 있는 가수 '양파'가 98년도 대학 입학 수학능력시험을 치르던 도중 갑작스런 위경련으로 시험을 포기하였다는 소식에 많은 10대들이 안타까워하는 모습을 TV에서 본 적이 있습니다.

그녀는 더욱이 가수 생활을 하면서도 전교 1등을 할 만큼 우수한 성적을 올리고 있었기 때문에 그 안타까움은 더욱 컸을 것입니다.

필자의 친척 중에서도, 고3 시절 하루에 3~4시간도 잠을 자지 않고 너무 열심히 공부하더니, 정작 시험 날에는 안질로 시험을 치르지 못하는 것을 본 적이 있습니다.

또 공부하는 중 가벼운 감기라도 걸리면 학습 능률이 뚝 떨어지는 것은 두말할 필요도 없습니다.

결국 건강을 잃는 것은 모든 것을 잃는 것이기에 수험생들은 건강에 만전을 기해야 합니다.

과도한 긴장과 압박 속에서 자칫 흐트러지기 쉬운 건강은, 규칙적이고 영양가 있는 식사와 적절한 운동, 알맞은 휴식과 수면을 절대적으로 필요로 합니다.

편식하지 않고 모든 음식을 골고루 먹는 것이 중요하지만, 대뇌학자나 영양학자들의 이야기를 들어 보면, 수험생들에게는 특히 단백질과 비타민이 중요하다고 합니다.

인간의 뇌 속에는 신경세포 간의 연락이 겹쳐져서 사고하는데, 이 연락에는 단백질에서 만들어지는 특별한 아미노산이 필요합니다.

그런데 이 단백질도 비타민이 없으면 제 구실을 못하기 때문에, 단백질과 비타민이 풍부하게 들어 있는 식사가 필요합니다.

의사들은 과도하지 않은 범위에서 하루에 한 번 종합비타민을 복용하는 것도 좋다고 합니다. 특히 밤참을 먹을 경우 당분이 많은 과자나 초콜릿 등은 피하고, 배변을 편하게 하고 섬유질과 탄수화물이 많은 야채스프 같은 것을 먹으라고 합니다.

그리고 가능한 한 아침을 거르지 않도록 권하고 있습니다.

경제적 사정이 허락된다면 자기 체질에 맞는 한약을 복용하는 것도 좋을 것입니다.

건강을 위해서 적절히 필요한 줄은 알지만 실제로 실천하기 매우 어려운 것이 운동입니다. 그러므로 무슨 특별한 운동을 정해 놓고 강박관념을 갖는 것보다는, 짜투리 시간을 이용하여 가벼운 체조 또는 줄넘기를 하거나 집 주변을 산책하는 것이 좋을 것입니다.

피로에는 정신적 피로와 육체적 피로가 있는데, 머리의 피로는 몸의 피로에 비해 회복이 대단히 느립니다. 그런데 의사들의 연구 결과에 의하면, 정신의 피로에 육체의 피로가 함께 겹치면 오히려 피로가 빨리 회복된다고 합니다.

그래서 정신적 스트레스가 심하여 잠을 많이 자는데도 피로가 회복되지 않을 때에는, 격렬한 운동으로 육체의 피로를 유도하는 것이 오히려 좋다고 합니다.

그러므로 시험을 끝내고 무조건 잠부터 자지 말고, 친구들과 축구와 농구 같은 운동으로 땀을 흘리고 난 후 푹 쉬면 피로도 빨리 회복될 것입니다.

건강을 위해서 알맞은 수면과 휴식이 필요함은 자명합니다.
문제는 충분한 수면을 취할 수 없다는 데에 있습니다.
어떤 의사가 TV에 나와 건강의 세 요소를 쾌식, 쾌면, 쾌변이라고 강의하는 것을 본 일이 있습니다. 그것을 조금 속되게 말하면 잘 먹고, 잘 자고, 잘 싸면 건강하다는 것입니다.

대우 그룹의 김우중 회장은 그의 성력적인 활동만큼이나 틈만 나면 아무 데서든지 잘 자는 것으로도 유명합니다. 그는 비행기만 타면 비행기 바닥에 담요를 깔고 잔다고 합니다. 부족한 잠을 보충하려다 보니 틈만 나면 자는 게 습관이 되었다고 합니다.

수면은 가장 적극적이고도 효과적인 피로 회복 방법입니다. 그러므로 적은 시간을 자더라도 숙면을 취하는 것이 중요합니다. 몇 시간을 자는 것이 좋은지는 사람마다 다르기 때문에 일률적으로 말할 수는 없지만, 깊은 잠을 자는 것이 중요합니다.

깊은 잠을 자기 위해서는 긴장, 불안, 고민 등이 없어야 합니다. 또한 적당한 피로감과 적절한 취침 환경이 어우러져야 하는데, 그게 생각처럼 쉬운 것은 아닐 것입니다.

어려울 때는 하나님께 도움을 요청하십시오. 하나님께서는 사랑하는 자에게 잠을 주십니다.

고 3병

시험만 치르려면 눈앞이 캄캄해지고, 손이 떨려 답을 쓰기조차 어렵고, 정신 집중이 안 돼 뻔히 알던 것인데도 생각이 안 나고, 가슴이 두근거리다 마침내 기절까지 합니다.

이것을 흔히 '입시병'이라고 합니다.

또 TV를 보거나 쉴 때는 괜찮은데 공부하기 위해 책을 잡기만 하면 머리가 터질 듯이 아프고, 소화도 안 되어 위가 쓰리고 아프기도 하는, 이 모든 것을 통틀어 '고3병'이라고 합니다.

특히 대학 시험을 앞둔 고 3생들에게 나타나는 병이라 하여 고3병이라 이름 지워진 모양입니다. 이는 비단 수험생 본인뿐 아니라 그 가족들까지 고통을 겪게 합니다.

심리교육연구소의 김민주 박사가 독일의 뒤셀도르프 대학에서 시험불안에 대한 박사학위 논문을 쓰면서 한국, 독일, 인도, 네덜란드, 헝가리 학생들을 조사한 연구 결과에 의하면, 한국 학생들의 시험불안도가 가장 높았다고 합니다.

잦은 시험, 치열한 대학입시, 성적에 대한 가정과 사회의 압박뿐 아니라, 그 보다도 자신의 장래에 앞서는 부모에 대한 보답, 책임 의식, 두려움, 시험 결과에 따라 부모와 자신이 받게 될 사회적 인식 등을 더 우선적으로 생각하는 심리적 부담으로 이해 시험불안이 가장 높을 수밖에 없었다고 합니다.

이에 김민주 박사는 시험 불안에 대처하는 구체적인 방법을 몇 가지 제시하였습니다.

먼저 시험이 시작되어 갑자기 가슴이 두근거리고 긴장이 될 때, 온몸의 신경을 호흡에 집중시켜 심호흡을 몇 차례 하면 긴장 완화에 도움이 된다고 합니다. 글씨를 쓰기 곤란할 만큼 손이 떨리거나 얼굴이 붉어지면, 주먹을 꼭 쥐었다가 천천히 펴는 동작을 3~5차례 반복하거나, 얼굴을 잔뜩 찡그리며 긴장시켰다가 천천히 이완시키는 것이 좋다고 합니다.

그러나 이러한 것은 단편적인 방법에 지나지 않고, 심하면 신경정신과 의사나 전문 상담원의 도움을 받는 것이 좋을 것입니다.

고3병을 '치료' 하는 데는 기도만큼 좋은 약은 없습니다.

하나님께 우리의 모든 어려움과 사정을 아뢰면, 하나님께서는 우리에게 평안을 주시기 때문입니다.

찬송하는 것도 좋습니다. 찬송가 432장에 기록된 가사는 우리에게 무척 큰 위로를 줍니다.

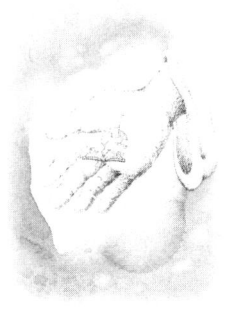

10. 끝까지 최선을 다하고 하나님의 도움을 기대하라

결코 포기하지 말라

공부를 계속 해 나가는 데 있어, 수험생들이 쉽게 빠질 수 있는 함정이 '포기'입니다. 특별히 어떤 시험이라는 목표를 두고 공부할 때 더욱 그 함정에 빠지기 쉽습니다.

시험이 가까워 올수록 모르는 것이 더 눈에 띄고, 마음이 불안해지기 쉽습니다. 이 책 저 책을 계획성 없이 뒤적이다가는, 모르는 것이 오히려 갈수록 늘어나는 것 같아 점점 불안해지는 것입니다.

이 때 이 불안에서 벗어나는 탈출구가 흔히 포기라는 것입니다. '이번 시험은 포기하고, 다음부터는 잘해야지.' 라고 다짐해 보지만, 그 다음 시험에서도 똑같은 일이 반복되는 게 보통입니다.

또는 '대학이 꼭 인생의 전부인가? 대학 안 가도 얼마든지 성공할 수 있어.' 이렇게 자신의 포기를 합리화하면서 탈출하려는 경우도 많습니다.

  나는 고시 공부를 하면서 이러한 중도 포기생들을 많이 보았습니다. 나의 옆 자리에서 열심히 공부하던 후배가 한 명 있었습니다.
  내가 보기에는 공부도 열심히 할 뿐만 아니라, 고시 1차 시험을 위하여 1년 반 가까이 착실히 준비해 왔기 때문에, 합격의 가능성이 높을 것 같았습니다.
  오히려 나의 경우는 1차 시험을 위해 5개월 여밖에 공부를 못하였기 때문에, 합격을 기대하기란 매우 어려운 형편이었습니다. 도저히 5개월여 만에 그 많은 범위의 공부를 다 할 수 없어서, 시험의 합격을 기대하지는 못하였습니다. 그래도 좋은 경험이 될 수 있을 것 같았으므로 담담하게 시험에 임하였습니다.
  그런데 나의 옆 자리에서 공부하던 그 후배는 스스로 공부의 양이 부족하다고 느낀 나머지, 정작 시험장에 나오지도 않고 중도에 포기하고 말았습니다. 내가 보기에 후배는 공부량이 충분하였습니다.
  시험을 준비하면서 이 정도면 충분히 공부하였다고 자부할 수 있는 사람은 거의 없습니다. 대부분 부족하다고 느낍니다.

강요된 공부에서 벗어나 도망하고 싶은 마음은 누구에게나 있습니다. 그러나 결코 중도에서 포기하면 안 됩니다.

순천에서 변호사 활동을 하고 있는 친구가 있습니다. 그는 사법시험을 10여 년 간이나 준비하면서 2번이나 중도 포기한 쓰라린 경험을 가지고 있습니다.

사법시험은 4일 동안 하루에 2과목씩, 8과목을 치릅니다. 한 번은, 시험 첫째 날 헌법 시험을 너무 못 치르고 과락이 틀림없다는 생각에, 아예 나머지 3일 간은 시험을 보지도 않았답니다.

두 번째는, 첫째 날과 둘째 날 시험은 무척 잘 보았는데, 셋째 날 시험을 너무나 망쳐, 나머지 시험을 잘 치러 봐야 한 과목이라도 과락이 있으면 합격할 수 없으므로, 또 중도에서 포기해 버렸답니다.

그런데 그 해 사법시험 최종 합격 발표 후 자신의 점수를 확인하러 갔던 그 친구는 너무나도 황당한 사실에 깜짝 놀라고 말았는데, 자신이 과락을 맞았다고 생각하고 포기한 그 과목의 점수가 뜻밖에도 55점이 나온 것입니다.(참고로 과락은 40점 이하이고, 그 해 합격자 커트 라인은 약 52점이었다고 합니다.)

만일 중도에 포기하지 않고 마지막 날까지 시험을 잘 치렀다면 당당히 합격할 수 있었을 것입니다.

몇 년 후, 그 친구는 마지막 도전에서 역시 중도포기할 뻔 하였으나, 앞서의 실패 경험을 거울 삼아 마지막까지 시험을 잘 치러서 합격할 수 있었습니다.

부족하면 부족한 대로 시험에 임하면 됩니다.

그러므로 중요 시험을 앞두고는 새로운 공부를 하는 것보다 그 동안 공부해 온 내용을 중심으로 착실히 정리하는 것이 심리적인 안정감도 주고 자신감도 줍니다. 끝까지 최선을 다하되, 결코 포기해서는 안 됩니다.

끝까지 최선을 다한 후 그 결과를 하나님께 맡기면서 하나님의 도움을 기대할 때, 여러분은 원하는 목표를 이룰 수 있을 것입니다.

시험, 그 마지막 관문

공부는 그 자체로는 때로 즐거울 수도 있지만, 시험을 염두에 둔 공부는 참으로 재미없습니다. 그러나 시험에 의하여 객관적으로 평가될 수밖에 없는 것이 엄연한 현실입니다. 인생은 시험의 연속이라고도 하니, 그 시험들을 잘 치러야 하지 않겠습니까?

시험 준비를 위해서는,

첫째, 충분히 준비하는 것,

둘째, 문제에 익숙해지는 것,

셋째, 심리적으로 안정하는 것이 중요합니다.

준비하는 과목의 교과서와 참고서를 중심으로 개념을 정의하고, 중요 내용을 간추린 다음, 암기할 수 있을 때까지 반복하여 준비해야 합니다. 그리고 다양한 문제의 유형에 익숙해질 수 있도록 문제를 많이 풀어 보아야 합니다. 평소 자신이 많이 다루어 본 유형의 문제가 나오면 즉시 해답이 나오게 마련입니다.

그 후에는 마음을 차분히 정돈하고 푹 자는 것입니다. 시험 전날 밤을 새워 공부하는 것처럼 어리석은 일은 없습니다. 밤을 새우고 나면 정작 시험 시간에는 두뇌의 능률이 떨어져, 아는 문제도 틀리기 십상입니다.

특히 시험을 앞두고는 단기 학습 계획을 잘 세워야 합니다.

시험 치르기 2일 전까지는 적어도 각 과목에 대한 정리가 끝나 있어야 하고, 마지막 1~2일 전에는 최종 정리를 하면서 마무리 지을 수 있어야 합니다. 나는 고시를 치르면서 약 1천 6백 쪽에 달하는 교과서 한 권을 2시간 정도에 일독할 수 있을 만큼 중요 내용을 뽑아 정리했습니다.

시험에 임해서 명심할 것, 세 가지만 알려 드립니다. 사실 이것은 나의 이야기가 아니고, 나의 은사님에게 듣고 참으로 공감한 내용입니다.

첫째, 문제를 잘 읽을 것,

둘째, 시간 분배를 잘 할 것,

셋째, 반드시 마지막으로 한 번 더 검토해 볼 것

이게 무슨 당연한 소리냐고 혹시 비웃을지도 모르겠습니다. 그런데 뜻밖에도 많은 학생들이 문제를 제대로 읽지 않아서 아는 문제를 틀리는 경우가 많습니다. 문제를 잘 읽으라는 말은 출제자의 의도를 간파하라는 말입니다.

또 시간 분배를 잘 하라는 것은, 특정한 문제에 매여 시간을 낭비하지 말고, 늘 시험 시간을 염두에 두라는 말입니다.

그래서 시간이 모자라 아는 문제까지도 답을 써 내지 못하는 불상사가 없도록 해야 할 것입니다.

마지막으로 한 번 더 검토해 보는 과정이 꼭 필요한 이유는, 실수를 최소화하기 위해서입니다. 어떤 때는 훌륭한 답안을 작성하고도 성명을 기재하지 않아 실패하기도 하고, 답안을 한 칸씩 밀려 작성하는 바람에 전혀 엉뚱한 결과를 초래할 가능성도 있기 때문입니다.

끝으로 권면하건대, 시험장에서 기도하는 일을 잊지 마십시오. 하나님께서는 우리가 급하여 매달리는 기도에 기꺼이 응답해 주시기 때문입니다.

시험을 치르고 난 후에는, 정리 공부가 반드시 필요합니다.

대부분의 학생들이 이를 소홀히 하는 것을 이해하기 어렵습니다.

대부분 점수나 석차에만 신경을 쓸 뿐, 시험 내용을 마치는 순간 다 잊어버립니다. 심지어 시험지를 모아 두지 않고 버리기까지 합니다.

그러나 시험을 치르고 난 후, 이해가 잘 안되거나 틀린 부분은 반드시 다시 공부해야 그 문제를 완전히 자신의 것으로 만들 수 있습니다. 그리하여 선생님들은 오답 노트를 별도로 준비하라고 충고합니다. 그리고 틀린 문제를 다시 풀어 보면서 왜 틀렸는지를 냉철하게 분석해야 합니다. 아는 내용인데 부주의로 실수해서 틀린 것인지, 기초 개념이나 기본 공식을 몰라서 틀린 것인지, 아예 처음부터 손 댈 수 없을 정도로 전혀 모르는 것이었는지 분석하여 그에 따른 적절한 보충 과정이 있어야 합니다.

물론 시험을 치르고 나면 시험지는 두 번 다시 보고 싶지도 않을 것입니다. 그러나 이를 참고 곧바로 그 시험문제를 완벽하게 공부하는 길만이 실력 향상의 지름길임을 기억해야 합니다.

합격과 실패의 뒤안길에서

시험은 참으로 잔인합니다. 합격생과 불합격생, 일등과 꼴등을 인위적으로 나누어 놓으니까요. 특별히 대학입시에서 실패한 재수생들은 다시 한 번 시험을 준비하는 1년 동안 죄인 아닌 죄인으로 살아가는 것이 우리의 현실이기도 합니다.

신앙생활을 열심히 하면 하나님께서 공부하는 지혜를 주셔서 공부도 잘하게 된다고 해서 열심히 신앙생활 하였는데 나는 왜 실패하였느냐고 물어 본다면, 하나님께서 무어라고 대답하실까요?

현직 검사로 있는 L 검사는 나와 함께 고시 공부를 하였습니다. 나보다는 8세나 어린 후배였지만 어찌나 법률 지식이 풍부하고 실력이 좋은지, 고시 준비를 하면서 그에게서 얼마나 많은 도움을 받았는지 모릅니다.

그런데 나와 같은 해 사법시험을 치렀는데 불합격할 줄 알았던 나는 뜻밖에도 합격한 반면 누구나 합격할 것으로 믿었던 그는 실패하고 말았습니다.

본인은 물론이려니와 주변 사람들도 모두 믿을 수 없는 일이었습니다. 그도 신앙이 매우 좋은 후배였는데, 막상 시험에 실패하고 보니 그 좌절감과 상처는 이루 말할 수 없는 것이었습니다.

다행히 그 다음 해에는 그 후배도 무난히 합격하였습니다. 그 후배가 시험 합격 후 저를 찾아와 고백하는 간증을 통하여 나는 큰 은혜를 받았습니다.

그 후배는 서울의 원남동에 있는 교회에 출석을 하였었는데,

고시 공부에 열중하다 보니 성가대원으로 봉사하던 것도 그만 두게 되고 겨우 주일 예배에만 참석을 하다가, 나중에는 그 주일 예배마저도 빠졌다고 합니다.

그런데 무난히 합격할 줄 알았던 시험에서 자신은 실패한 반면 합격이 어려울 것으로 생각하였던 내가 합격한 것을 보면서 새롭게 결심을 하였다고 합니다. 그것은 나의 방법대로 공부하는 것이었습니다.

그래서 먼저 주일 성수를 철저히 하고 성가대에도 다시 들어가 하나님 찬양하는 일을 게을리 하지 아니하였습니다. 또한 매일 학교에 등교하여 반드시 제일 먼저 성경을 묵상하고 기도를 한 후에 공부를 하였다고 합니다. 그 덕분에 그는 그 다음 해 시험에서 우수한 성적으로 합격하였던 것입니다.

한두 번의 실패를 결코 실패라고 할 수는 없습니다. 실패하였다고 주저앉는 것이 진짜 실패입니다. 하나님께서는 우리의 실패를 더 좋은 것으로 선용하기도 하시고, 모든 것을 합력하여 선을 이루시는 분입니다.

여러분이 이 책에 나와 있는 공부 방법을 잘 활용하여 모두 다 시험에 합격하고 소원하는 바를 이루기를 간절히 기도합니다.

그러나 합격과 성공의 은혜 뒤에는 반드시 새로운 사명이 있음도 잊지 말아야 하겠습니다.

마태복음에는 유명한 달란트의 비유(24:14~30)가 나옵니다. 그 내용을 요약해 보면 이렇습니다.

어떤 사람이 타국으로 가면서 종들을 불러 그들의 재능에 맞게 다섯 달란트, 두 달란트, 한 달란트를 나누어 주고 떠났더니, 그 종들이 열심히 장사하여 각각 주인에게서 받은 만큼 다섯 달란트, 두 달란트를 남겼습니다.

그런데 한 달란트 받은 자는 땅을 파고 돈을 감추어 두었다가 주인이 돌아온 후 한 달란트를 그대로 드렸습니다.

그랬더니 그 주인은 다섯 달란트와 두 달란트 받은 종에게는 '잘 하였도다. 착하고 충성된 종아, 네가 작은 일에 충성하였으니 내가 많은 것으로 네게 맡기리니 네 주인의 즐거움에 참예할지어다.' 하고 칭찬해 주었습니다.

그러나 한 달란트 받았던 자에게는 '악하고 게으른 종'이라고 야단을 치신 후 그에게서 그 한 달란트를 빼앗아 열 달란트 가진 자에게 주라고 하셨습니다.

여기서 중요한 것은 우리가 작은 일에 충성하여 주님에게서 인정을 받고 나면 반드시 우리에게 새로운 사명을 맡겨 주신다는 것입니다.

하나님께서 여러분에게 합격과 성공의 은혜를 베푸셨다면 거기에 하나님의 계획이 있음을 깨달아야 합니다. 그리하여 자신을 향한 하나님의 뜻을 발견하여 그 부르심에 응답하는 여러분이 되기를 바랍니다.

놀라운 하나님의 사랑

마지막으로 1988년 고입 학력고사에서 만점으로 전국에서 1등을 한 박영용 군의 간증이 한국기독여성문인회에서 발행하는 '주부편지'에 실려 있어 이를 소개합니다.

"저는 고교 1학년의 남학생입니다. 어머니께서는 직업 군인의 아내로 강원도 산골 교회에서 주님을 영접한 후 아버지 부대 이동을 따라 옮겨간 교회(양구의 중앙교회)에서 주의 몸 되신 성전을 짓는 일에 동참하셔서 큰 은혜를 받으신 분입니다.

중앙교회는 재적 23명의 가난한 교회였는데, 성전이 어찌나 낡고 피폐해져 있었는지 어머니께서는 그 교회에 첫 출석하신 날부터 가슴이 찢기는 것처럼 아프셨답니다.

목사님도 계시지 않는 교회 형편에 성전을 짓는다는 것은 너무나 터무니없는 일이었으나 오직 믿음으로 밤에는 철야기도, 낮에는 심방하며 전도하는 일에 전력을 다하셨습니다.

어찌나 열심이셨는지 옆집의 유찬 어머니는 전도하는 어머니가 밉다고 이사까지 갈 정도였습니다.

어머니는 이사 간 분의 기도까지 끊임없이 하시면서 개울가에 나가 하나님께서 그냥 수신 자갈와 모래를 모으고 시멘트를 사다가 블록을 만드는 일부터 시작하셨습니다.

어머니 혼자 외롭게 일하시는데 유찬 어머니께서 한 달 후 느닷없이 찾아오시어 무슨 일인지 어머니가 보고 싶어 왔다면서 척추 디스크가 악화되었다고 말씀하시더랍니다.

어머니는 "그깟 척추 디스크, 교회 나와서 자갈 나르는 리어카 몇 번만 끌면 나아요."라고 무심히 말씀하셨는데 이튿날 유찬 어머니께서 정말 리어카를 끌러 나오셨더랍니다.

어머니는 너무나 놀랍고도 감사하여 자갈을 나르시면서도 '하나님! 유찬 어머니 낫게 해 주세요.' 라고 기도하시고 철야하셨답니다.

이튿날 유찬 어머니께서 아이처럼 수건을 휘두르고 나오시며 '영용 엄마, 나 나았어. 허리가 나았어!' 소리치시더랍니다.

어머니는 눈물로 감사하셨고, 그 후 유찬 아버지께서도(감찰부에 계셨는데) 차량 동원에 기술자 지원까지 해 주시고 아이들까지 나와 일손을 돕는 기적이 일어나기 시작하였습니다.

그 어려운 교회 형편에도 불구하고 한 번도 꾸러 가게 아니하셨고, 그 해 10월에 교회가 완성되고 큰 은혜 가운데 기념 예배를 드리는데 23명밖에 안 되었던 성도들이 교회 안을 가득 채우는 역사까지 하나님께서 이루시더랍니다.

저는 누구보다 하나님을 사랑합니다. 제가 88년 고입 학력고사에서 만점으로 전국에서 1등 합격을 하게 된 것도 하나님의 크신 은혜였던 것 같습니다. 부족하나 이 다음 신학교에 갈 계획이고 목회자로서의 소명을 똑똑히 인식하며 공부하고 있습니다.

그러나 그 무엇보다도 감사한 일은 올해 제대를 하시는 아버지께서 신학 공부를 하신 후 농촌목회를 하실 계획이라는 사실입니다. 하나님의 사랑은 얼마나 크고 깊고 광대하며 아름다운지요. 할렐루야!

펜을 놓으며

공부에는 왕도가 없습니다.

실력은 공부한 만큼 축적되는 것이기에, 공부도 하지 않으면서 실력이 향상되고 성적이 오르기를 기대할 수는 없습니다.

그러나 나름대로 공부하는 요령을 깨달으면 능률적으로 공부할 수 있습니다. 사람마다 성격, 체질, 공부하는 습성, 공부 환경 등 모든 것이 다르기 때문에, 모든 사람에게 통용되는 학습 성공 비결은 있을 수 없다고 해도 과언이 아닙니다. 갑이라는 사람에게는 효율적인 공부 방법도, 을이라는 사람에게는 아무 소용이 없을 수 있습니다.

그러나 이것 한 가지만은 분명하게 말할 수 있습니다.

하나님께서 각 사람에게 가장 적절하게 공부하는 지혜를 부어 주실 것이라는 것입니다.

이것은 내가 독자들에게 약속하는 것이 아니라, 하나님께서 여러분에게 약속하신 것입니다.

> "너희 중에 누구든지 지혜가 부족하거든 모든 사람에게 후히 주시고 꾸짖지 아니하시는 하나님께 구하라. 그리하면 주시리라."(약 1:5)

신앙생활 열심히 하는 사람에게만 지혜를 준다고 하지 않으셨습니다. 교회 봉사를 열심히 하는 사람에게만 지혜를 준다고도 하지 않으셨습니다.

하나님께 지혜를 구하는 사람이면 누구에게든지 지혜를 주겠다고 약속해 주셨습니다. 하나님의 이 약속을 믿고 신앙으로도 승리하고 공부에서도 성공하는 모든 기독학생들을 위하여, 기도하는 마음뿐입니다.

그리고 혹시 신앙과 공부의 문제로 갈등하고 있는 학생이나 부모가 있으면, 나에게 편지를 보내 주십시오. 문제 해결을 위하여 함께 기도하고 싶습니다.

또한 열심히 신앙 생활하여 하나님의 도움으로 공부에서도 성공한 많은 분들의 간증을 기다리고 있습니다.

다음 주소로 연락 주셔서, 기쁨을 함께 나누고 하나님의 은혜를 함께 나눌 수 있기를 기대합니다.

우편번호 480-101
의정부시 가능 1동 362의 78 안수화 법률사무소
전화:031)876-3285(대표) 팩스:031)876-3289

기독학생 여러분!
예수님이 세상을 이기었듯이, 여러분도 공부에서 승리할 수 있습니다.
하나님께서 함께하심으로 지혜를 주실 것입니다.